家長應該學會的20堂倫理課

曾瑞明　著

商務印書館

家長應該學會的 20 堂倫理課

作　　　者：曾瑞明

責任編輯：張宇程　吳佰乘

封面設計：涂　慧

出　　　版：商務印書館 (香港) 有限公司

　　　　　　香港筲箕灣耀興道 3 號東滙廣場 8 樓

　　　　　　http://www.commercialpress.com.hk

發　　　行：香港聯合書刊物流有限公司

　　　　　　香港新界荃灣德士古道 220−248 號荃灣工業中心 16 樓

印　　　刷：美雅印刷製本有限公司

　　　　　　九龍觀塘榮業街 6 號海濱工業大廈 4 樓 A

版　　　次：2021 年 11 月第 1 版第 1 次印刷

　　　　　　© 2021 商務印書館 (香港) 有限公司

　　　　　　ISBN 978 962 07 6668 8

　　　　　　Printed in Hong Kong

序

跟我們的下一代成長

(1)

每一個父母都希望自己的子女為人正直，有美好的人生。但撫心自問，我們常常蒙蒙混混，很多時都是從眾，偶有靈光，但更多時候都是順流而下。沒作奸犯科、沒犯大錯，應已擁有教導孩子的資格了。

大人教小朋友，始終是理所當然吧！但小孩子其實可否也是成年人的老師？小孩子常常展露成年人已喪失的德性，比如真誠，比如堅定，他／她們也隨時燃起我們已失去的生命熱情和直覺。

隨着年歲漸長，他／她們又漸漸被同化，變得愈來

愈世故，愈來愈虛偽，愈來愈有禮貌。但禮貌不等於道德。道德是我們運用思考力去判斷對與錯，然後身體力行。身為父母，我們不能忘了自己教養者的身分，不能忘記自己的權力，我們要讓孩子具備更強的判斷能力，而不僅僅是從眾，或者只順從權威。

每個人都可以啟發他人。如果我們對這個世界理解得更敏銳，如果我們更有判斷力，我們身邊的人便像一盞被點燃的燈，我們就成為了燃燈者。學與教，也是同出一轍。

倫理道德，並不只是書本裏的理論而已，生活中的實踐其實俯拾皆是。

某一天去公園，女兒投訴有位小朋友罵她。筆者叫她不要介懷，因為她們將不會再見面了。她好像得到了安慰。但，這是好的理由嗎？

她問：「香港有很多人的嗎？」

「是的，大部分都是陌生人」。

其實這不是好的理由。陌生人跟我們也有一定的關係，即使我們未必再相見，但我們都分享着同一種文化，同一段歷史，同一個社羣身分。我們的「關係」正正是這個社羣的展現。

「快啲啦！」那小朋友對着在玩攀架的大女兒說 —— 她其實才玩了不夠 30 秒。

這句話沒有對我們造成任何實質傷害，但令筆者揪心的是，小孩子並不是天使，她們說話可以不留情面，可以自我中心。

有一段時間，筆者常在遊樂場觀察（為甚麼？作為父母的你，不也是常在遊樂場流連嗎？），發覺遊樂場有時恍如森林：弱肉強食，誰大誰惡誰正確。有時候在大人的安排和教導下，則有如文明社會：守規、禮讓、公平。你希望孩子在哪兒遊玩？喜歡講道理的人，只是期盼這個世界的人更有同情心、更敏感，希望世界變得更好。

哲學思考不就是有這個目標和功能嗎？我們如果具備哲學思考的工具去照顧和育養小孩，會否有意想不到的效果？我們能培養更理性、更健康和更快樂的小孩子嗎？

(2)

筆者讀哲學已有 20 年了，特別對倫理學和批判思考有興趣，至今仍有百讀不厭之感。最主要的理由是，這門學問永遠有令人意想不到的問題出現。例如，那類殺一個人救四個人的電車問題（trolley problem），良知會不會傲慢？沒有意識到的好處可否令人生更美好？……真的是引人入勝，令筆者每天總能找到驚喜。

女兒當然沒有讀過高深理論，但每每在日常生活中觸及這些討論。記得有一次行山，談到植樹，筆者說有些人很好，付出時間和心力去植樹，才不致於牛山濯濯。女兒立即說：「我們沒有植樹，是否很衰？」

天啊！這當中不是正面責任（positive duty）和反面責任（negative duty）的區分嗎？簡單來說，反面責任說我們不傷害他人或生物就好，可用「不做 X」來表達。正面責任則要求我們主動去做好事，可用「去做 X」來表達。

父母親的責任，並不是不傷害子女就夠，他們還有正面責任，例如培育子女、關懷子女，這是因為我們跟子女有特殊關係。那陌生人呢？反面責任就夠了。但所謂「陌生人」跟我們其實也有相當的關係，可能處在同一個社羣、同一個國家，甚至同一個地球村裏。我們對大自然又有沒有正面責任？是否不破壞它就夠？也許是筆者浸淫其中，故總帶着「有色眼鏡」去看吧——即俗語說的「諗多咗」。

愛思考理論的讀者，拿着這幾條線索去看本書中的小故事，相信會對倫理學和是非善惡有些新的體會。為人父母者，讀較長的理論文章，用哲學思考的角度教導子女，可能會發掘出無窮趣味，領會到小孩子能讓我們有多一次機會理解世界。本書 20 篇較為「理論性」的文

章，藉着大師和哲學家的思想資源，使我們想得更深，看得更遠。

希哲亞里士多德（Aristotle）的《尼各馬可倫理學》（*Nicomachean Ethics*），是他送給兒子看的。筆者這本小書當然難以跟亞氏的鉅著比擬，但筆者相信，即使女兒長大了也會喜歡這些文字，它作為我們一起成長的紀錄，特別是那些小故事，見證了她們是天生的哲學家——後來才慢慢忘記了，只關心測驗有沒有及格。

本書文章部分曾刊於《明報月刊》、《01 哲學》和《立場新聞》，惟都經過改寫，特此鳴謝。

曾瑞明

目錄

01

應該養育下一代嗎？

—— 做家長前要先自問的倫理問題

新冠疫情持續，全球紛亂，一股「唔好生仔論」的幽靈，在香港遊蕩。這股思潮相信，沒有下一代，對資源要求就會減少，尿布都少用幾條。最重要是，生存本身痛苦，無必要貪「一時之快」而製造苦難？筆者甚至聽過，如果沒有「下一代」，壞人出現的機會也會減少（因為人少了？）。總之，就唔好生仔。

　　我們稱呼持這種想法的人士為「反生育主義者」。他們不會否定生育本身或生而為人有其快樂或其他正面價值，他們只是想指出，經過考慮和計算、衡量利弊後，人生總是壞多於好。若可選擇，就應該絕育。當今世上已經有很多無辜兒童，可供打算「組織家庭」的夫婦領養，此舉既能減少孤兒，也可避免分娩時的痛苦，可說是兩全其美。

　　作為父母的你怎樣看這說法？你能反駁它嗎？未成為父母的你，又會否被嚇怕了？

還有意義和身分

　　但是，人類不是只有「好」和「壞」這兩面。人生是「壞多於好」還是「好多於壞」，根本不是父母與子女關係的重點。我們更要了解人的「質地」，才可明白父母與子女關係的價值。生育或許關乎人類滅絕與否，但「為人父母」（parenthood）並不是。它關心的不是我們應否

活，而是我們如何生活（how should we live）。

　　美國哲學家羅伯特‧諾齊克（Robert Nozick）在《被檢驗的人生》（*Examined Life*）一書中指出，孩子會成為一個人的實質部分，令我們有更重要的身分。的確，人除了計較效益、好與壞外，還重視意義和身分。一套倫理學假若忽略了這些部分，注定以偏概全。

　　美國哲學家哈里‧法蘭克福（Harry Frankfurt）指出，我們對孩子的愛是最純淨的愛，也是自愛（self love）的最純淨版本。我們望着跟自己相像的子女，看他們模仿自己的行為，跟着我們的價值觀，人生多了重量，也多了意義。筆者就因為孩子，才走遍香港所有公園，也會在某台資書店的童書館閱讀很多童書——筆者的生命的確因為孩子而多了一重色彩。筆者青少年時期買下的《叮噹》（即《多啦 A 夢》）、《足球小將》等漫畫書早已束之高閣，但當女兒重新閱讀這些「經典」，還問筆者：甚麼是「越位」？三杉淳（《足球小將》其中一個角色）會不會死？書就活起來了，將一切重新點燃。

　　筆者也不忘提醒她們，這些書是她們爺爺買給兒子（即她們的父親）的。筆者的重點當然不是分享「環保」經驗，而是人的傳承。

　　父母對子女的愛是一種自愛。自愛不好？但自愛

是我們對世界、對自身的關懷。愛子女是這種關懷的延續。筆者熱愛自己的人生，透過生育，將這信息表達出來，並將之延續，此為生育的意義。筆者重視自己的生命，也重視我孩子的生命。

這可能並沒有客觀標準，或者理性分析，卻更顯示我們人具備賦予價值之能力。

自己都不愛，怎麼相愛

但這是自戀嗎？我們是愛上「跟我們分離的第二個自己」嗎？法蘭克福提醒我們，為甚麼會對愛自己感到尷尬呢？我們如果不自愛，我們還能合理地生活嗎，人生還會是意思的追求嗎？

效益主義者要我們放下自己，從一個公正不移（impartial）的觀察者角度看待問題，我們就會找到最有效益的結論和決定。但人性並不讓我們時時刻刻都放下自己，我們也應關心人在意甚麼（what matter to human）。我們也不會時時刻刻都是政策決定者（policy maker），以大局為重，計算效益，我們只是用人的方式過活。因此，我們未必會因效益而將自己的子女送予他人，也不會因效益而將別人的子女當成自己的子女。會這樣做的人，我們或會覺得不近人情——倫理學不能沒有「我」（I），不能沒有「我們」（We）。

自愛不是自私，而是一種全心全意的關注。當然，不生育或沒有孩子不代表不自愛，但第二個自己的確會令我們的自愛更廣闊，更有深度，我們也能發掘到更多生命的意義。是的，沒有孩子，少了很多憂慮和擔心，也少了很多財政負擔，每年的豪華旅遊也許都不用放棄。事實上，有了子女的朋友都反映，夫妻關係往往變差了，壓力大了。你還記得在家工作時孩子大哭大鬧或者喋喋不休的情境嗎？

　　美國女哲學家吉恩‧卡茲（Jean Kazez）在 *The philosophical parent: asking the hard questions about having and raising children*（暫譯《哲學性的父母》）一書，引述各種心理學實驗說明當父母並不能帶給我們快樂，不過由於父母與子女關係的長期性和穩定性，加上子女對父母的依賴或仰賴，都能給予父母完美的意義感和肯定感——這是人生的重要東西。

　　回味子女幼年時的每一句說話、每一個傻念頭，都令人更能體會生命的意義所在。如光，如水，流過。孩子不一定會帶給我們利益，甚至未必有歡樂，只有哀愁與心痛。猶如筆者不一定討好自己，但仍能自愛。父母對子女的愛，不就是在這層次上理解嗎？

　　不過，還是要重申一次，筆者不是導人迷信，叫人「生仔」，只是合理化生育這一回事。細味一下，要做這

番工夫，還是時代的悲哀。但也許經過一輪澄清，我們
會更懂得作為父母的位置和方向。也的確，生育是一個
重要決定，不宜輕舉妄動。

延伸閱讀

在香港中文大學哲學系任教的郭柏年博士，在其哲普著作《定見之外》有幾篇文章闡述了反生育人士的觀點，值得參考。題目已足夠為欲成為父母者先在思想上預備一下：其實人生遠比你所想的痛苦？絕育才是道德？為甚麼要關心下一代？

當然筆者仍要提醒讀者「生仔」除了好與壞，還有意義的問題。

外篇：結婚是愛情的墳墓？

依筆者理解，這句話當然不是膚淺的說結婚後就沒有愛情，而是說婚姻和愛情有不同的運作法則。婚姻是一種倫理、是一種承諾、是法律、是理性安排。愛情則是沒半點道理可言的東西，看不見、摸不着，但卻發生——人們期待發生。

女兒接觸到父母的婚姻，但仍未接觸到愛情吧。

「為甚麼爸爸會和媽媽結婚？」

在她們心目中，公主和王子有甚麼故事都不是重要的，她們就是公主，不是由王子來界定的——很有女性主義風範。

父親就成了他們的王子，將來會和她們結婚的。

「我會跟爸爸結婚。」

後來改為：「爸爸死了，我才結婚。」

是很甜的。這樣不講道理，又將結婚變回愛情了。

ｘｘｘ

小女兒學游泳，有一位老師名叫「危險」。這名字很惹人嫌。但是，卻又好像有一種原始、神秘的吸引力。

據說，三歲的小女兒依傍在這位老師身上，眼睛還會緊緊望着對方……

和小女兒提起「危險」，她會傻傻的低下頭。

我知道，我失戀了。難怪那些看着女兒出嫁的父母，都會哭。

02

我們應追求快樂嗎？

—— 倫理學的核心問題

很少父母想親自為子女尋到人生的意義。讓他們自己找吧！這是對自主性（autonomy）的肯定。但快樂呢？父母倒想為子女營造快樂的童年，希望他們開開心心，無憂無慮。在別人的婚禮也常聽到一對新人多謝父母給他們一個快樂的童年，心想：怪不得他們現在蠻健康積極呢！太多人的心理問題都是源於不愉快的童年。

但若有人「歌頌」父母給他們一個充滿痛苦但別具意義的成長經歷，則我們一定感到不是味兒。是他們的童年發生了甚麼可怕的事嗎？雖然文章憎命達，但無災無難更該是父母心願啊。

標榜沒有功課的 Happy School 令父母們趨之若鶩。可見，「快樂」絕對是「人畜無害」的倫理目標。但甚麼是快樂？是肉慾的滿足？是享樂？如果是這樣，父母只要給孩子每天買幾包薯片、舉辦大食會、着他們看YouTube 好了。快樂會不會還是好的人際關係、找到人生意義、處於自由和開放的社會、健康及相互支持的家庭？幸福在哲學傳統裏，也的確分了很多種。有效益主義的、宗教的、主觀的、狂喜的（墮入情網中？），作為父母，你會向子女推廣哪種幸福？

亞里士多德的幸福

希臘哲學家亞里士多德的倫理學著作《尼各馬

可倫理學》(*Nicomachean Ethics*) 中，有一個重要概念 "Eudaimonia"，但該如何翻譯？「快樂」，還是「福祉」？一般認為較好的譯法是「人的自我發展」(human flourishing)。但無論如何，亞里士多德的 "Eudaimonia" 和着重感官滿足的快樂主義的「快樂」很不同。

亞里士多德怎樣看快樂？他不會說感官快樂不重要，也不會叫我們不要追求身體的快樂，不要避免身體的痛苦——但他不承認只有求樂避苦才重要。

很簡單，你在遠足或者踢足球後，雖雙腳疲軟全身痠痛，但你仍感到「快樂」。你的快樂一定不只是身體的愉悅，而是一種從該活動得到的滿足感。如此，你不可能從遠足得到踢足球的快樂——你要遠足的快樂，就要遠足。人有不同的活動，所以快樂是多元的。也因此，快樂主義者說的「追求快樂、避免痛苦」實在過於簡化。

亞里士多德認為快樂有客觀的標準，不是「我」說了算。他認為我們應先找出人的功能 (ergon)。每樣事物都有其目的或者行為，善在於其目的之達成。

每樣事物都有其目的 (telos)，將其目的和特質發揮出來，就是一種「好」。我們應該追求甚麼？答案並不是外在於我們的愉悅，而是能將自己本性或特質發揮

出來的快樂。作為父母，我們也許更要着重幫助子女發揮自己。

成功的人生不一定快樂？

我們特別喜歡看「成功人士」不快樂的個案，《華爾街狼人》(*The Wolf of Wall Street*) 那種電影就看得最過癮，「你好成功呀，但你不快樂呀」——似乎吃不到的葡萄是酸的。為甚麼不好好探究一下，成功人士是否特別快樂？如果是的話，有甚麼原因？

作家葛瑞琴·魯賓 (Gretchen Rubin) 有一本書名為《過得還不錯的一年：我的快樂生活提案》(*The Happiness Project*)。她讀哲學家、小說家和正向心理學家的作品，找尋快樂的奧秘。有甚麼方法可以更快樂？竟是早點睡覺、做好運動、不要嘮叨、每天至少擁抱五次、早上起來開心地哼歌、打掃家居、閱讀亞里士多德……

魯賓的說法，看似尋常，但其實有點哲學基礎，就是本傑明·富蘭克林 (Benjamin Franklin) 的道德哲學。富蘭克林是美國國父之一，不僅共同代表簽署美國憲法，也是一位發明家，更誇張的是，他還會發明樂器，更曾讓莫札特和貝多芬使用。他雖然只受過兩年正規教育，但富裕的程度，讓他能在 42 歲退休，享受悠閒生活。

雖然，他並沒有寫下甚麼正式的倫理學著作。但是，他卻在《富蘭克林自傳》(*The Autobiography of Benjamin Franklin*) 寫下他對快樂的看法。富蘭克林認為健康是幸福的條件，如果沒有它，我們也不能感受到幸福或者快樂。德性則是保存健康的重要條件。例如，節制就可以保存我們身體的健康，特別是我們都知道慾望永遠無法完全滿足。如果沒有德性，就沒有快樂。如果我們的行動沒有經過審慎的判斷和反思，那也不會是理性之人的快樂。

　　倫理學家阿拉斯代爾‧麥金泰爾 (Alasdair MacIntyre) 在其名著《德性之後》(*After Virtue*) 指出幾種德性觀。亞里士多德那種是將德性看成有內在價值。所以即使窮到像顏回那樣，仍能「一簞食，一瓢飲，在陋巷。人不堪其憂，回也不改其樂」。這就是德性內在的典範。但富蘭克林那種德性觀則是外在的，意思是德性是用來實踐現世的成功。

　　能控制自我，才能控制世界。成功人士的那種快樂當然是有能力改變世界，有能力改變他人的一種滿足感。只講內在快樂，很難不被視為弱者的道德。父母要令子女快樂，還要擁有幫助他們控制外在世界的一些條件。在香港的環境，當然是幫助子女置業了。

　　不同時代、不同社會有不同的德性，德性是為了實

現不同的目的。富蘭克蘭提到的德性，就是資產階級的「成功」條件，當然是資本主義下的成功。社會學巨擘馬克斯·韋伯（Max Weber）在《新教倫理與資本主義精神》（*The Protestant Ethic and the Spirit of Capitalism*）就指出富蘭克林是世俗化禁慾主義（secularized asceticism）的最佳代言人，他談的其實是資本階級的倫理（bourgeois ethics）。富蘭克林的 13 條德行目錄（13 Virtues）足可稱之為事事都管，樣樣關心。由飲食到說話，都要求事事節制。秩序和中庸之道則避免過度風險，「一鋪清袋」（投資不等於投機！）。節儉當然是資本家的重要特質，錢財不是拿來享受之用，而是為了累積，賺取更多錢財。

甚麼是快樂，不同時代真的有不同答案。

延伸閱讀

著名社會心理學家強納森・海特（Jonathan Haidt）在其《象與騎象人：全球百大思想家的正向心理學經典》（*The Happiness Hypothesis: Finding Modern Truth in Ancient Wisdom : Finding Modern Truth in Ancient Wisdom*）一書，利用科學研究，找出了快樂的方程式，就是 H = S + C + V。Happiness（快樂）= Setpoint（快樂起始點，如我們的基因或性格）+ Condition（生活條件）+ Voluntary activities（自發性活動）。哲學可以跟科學合作，而不流於空談。更重要的是，書中包容了一個更基本的問題——我怎樣過我的人生？快樂固然是一大追求，但意義（meaning）也不可少。

外篇：點解？

大女兒喜歡問問題，一天幾十個「點解」。

「有咩用」也是她喜愛的題型。

有一次她問我：「雪糕筒（交通錐）有咩用？」我想，不只一個用途吧。於是我反客為主：

「你試吓講俾我知雪糕筒嘅三個用途先啦。」

「我唔識呀。」

「試吓啫。」

「唔俾人入。」

沉默了好一會：「我唔知啦。」

「試試。」

「唔俾車行。」

「唔錯呀。」但最有趣的答案在後頭。

「可以拿一條繩綁住雪糕筒,阻住。」

　　雖然,《維基百科》對雪糕筒的定義是「一般用於進行工程、發生事故保證道路使用者的人身安全,又或者於交通改道、人流和車輛之分隔或匯合使用。但在其他情況下,日常的交通分隔/匯流則會使用可攜帶性較低的『永久性』道路標示/標識」,小女兒的答案未免幼稚,但卻更是鮮活的將分隔功能突顯出來,也算是好答案。能問,能答,這不就是學習嗎?「我們應追求快樂」好像是理所當然,但其實一發問「為何」,也自有風景。

03

早點成功不好嗎？

—— 內在價值與工具價值的區分

作為父母，怎會不想子女學習有成？跟子女一起拍攝畢業照，可說是父母內心深處的迫切期待。但如果這最期待的畫面提早來臨，會否是一件好事？

我們也常聽到誰跳級或者比人早畢業，愈早結婚、生仔和買樓也就愈好，也愈「成功」。前些時候一位女歌手終於得到「成功」了、「贏」了，但她卻說慶幸沒有一炮而紅。

誰對？誰錯？早點成功不好嗎？

中年人的智慧

還記得讀書時，筆者問過哲學老師一個問題：「哲學問題總是不能解決的，從事其中有甚麼意義呢？」教授的答案，今天更顯智慧：「就是永遠不能解決才好，不正是可以用來打發時間嗎？」少年的我，只想攀一座又一座的高山，妄想解決一個又一個的難題，怎會明白老師話語簡中的智慧呢？

據說，中年人，無論男女，都會面對中年危機。中年危機是指中年人面對身分、心理和信心程度的轉變。中年人體力會大不如前，子女又長大了，很多人生目標都「完成」了，於是不知自己可做甚麼、該做甚麼……簡單來說，不知怎樣活下去。

在匹茲堡大學（University of Pittsburgh）任教的哲

學教授基蘭・塞蒂亞（Kieran Setiya），自己就是一名「成功人士」，寫過數本書，有好的職業，在名校任教，但他也面對中年的存在危機（不要再說中年危機吧），於是用他的哲學專業為經，寫了一本自助書（self-help），渡人自渡。

他在其《重來也不會好過現在：成年人的哲學指南》（*Midlife: A Philosophical Guide*）一書中，就寫下一些中年成功人士可能會面對的難題。首先，人往往會在年輕時力拼，去達成一個又一個目標。喜歡學術的，讀完學士、碩士，之後讀博士；然後找工作，當上教授，出版，擁有終身教席……然後呢？

我們的世界追求快，18 歲讀完大學會得到艷羨目光，但我們卻未必問及為甚麼要這麼快？不過，塞蒂亞關心的未必是速度，而是我們活動的性質。他指出我們人生大部分活動都是抱着某種目的（telic）的。讀書是為了考試，考試又是為了可以繼續讀書。工作是為了賺錢，結婚是為了生兒育女。有了錢，有了兒女，這些活動就失去意義了。剛好，這些活動往往在我們中年時期完成。

存在的價值為何？

塞蒂亞建議我們多做一點沒有目的性的活動。比

如哲學，縱使不能達致甚麼既定目的，但如你能享受過程，就發覺其樂無窮。樂，就是因為你能停駐其中，「殺死時間」。打高爾夫球、寫書法，都是中年人的生活妙品。莊子的〈逍遙遊〉中已有此意：「今子有大樹，患其無用，何不樹之於無何有之鄉，廣莫之野，彷徨乎無為其側，逍遙乎寢臥其下。不夭斤斧，物無害者，無所可用，安所困苦哉！」無用之用，才能讓人免於固定和執着。希臘哲人亞里士多德也說哲學家的沉思（contemplation）是最好的人生，意思也大概是因為沉思不帶目的性而自具價值。沉思不是做數字題去拿分數，也不是建構理論去解決甚麼難題，只是反思已有的答案。反思就是目的。當今天的學生連參加課外活動都是為了入大學的履歷表好看一點，你就會明白為何人們很難在漫長人生中走下去。小孩子未必真的那麼喜歡打遊戲機，只是他們不接受沒事做，就隨便找些東西充塞時間。如何打發自己的時間，善用閒暇，卻不為我們教育制度重視。君不見老師總擔心孩子假期沒事做，於是要安排功課給他們？

其次，我們自幼已習慣了「改善性」的思維，我們要令自己生活過得更好，所以我們要做兼職、要收拾房子、要小孩子學樂器，要忙這樣忙那樣，來換取過得好的感覺。無可否認，這些工作都是重要的。然而，塞蒂

亞提醒我們別忽略存在的價值（existential value）。讀一首詩，看一幅畫，雖不會令世界改變甚麼，卻能讓我們感到自己存在的經驗。這是我們覺得有內在喜悅的機會，使我們更能活下去。

將來會成為怎樣的人？

我們常說催谷孩子的「怪獸家長」怎樣怎樣，但我們忘記了一個更重要的問題：這些年年月月日日忙得透不過氣來的小朋友，將來會成為怎樣的人。

君不見高材生們入大學後已無心讀書——拼搏了這麼久，只為了考試讀的書讀夠了。一些人卻反而在大學後才發力。從來不是尖子，沒有人寄予厚望，反而海闊天高，傻傻的去讀研究院，讀博士。為人生留一點飢餓感，才能有力向前。

我們做爸爸媽媽的，不會給孩子買太多玩具。我也開始要求自己買書要買一本看一本。這樣才會推動自己去讀書。讀自己不懂的書，學自己不懂的東西，才能推動自己走下去。今天，孩童連拜年的日子都要上工作坊，實在是「太懂事」了，填滿了，失去的是可能性。

孩子還小的時候，會隨心跳舞，專心看書。沒有人要求她們，催迫她們，她們也可以悠然自得。她們對生命有極大熱情，喜歡所有食物，欣賞所有貼紙。認真為

公公婆婆、爺爺嫲嫲表演舞蹈。年月漸長，她們會面對考驗，會開始不知道自己該做甚麼，也會開始計算，這樣做有用嗎？有人會讚賞嗎？能換取金錢嗎？

　　但筆者相信：一旦她們已經舒展了自己，就沒有人可以改變她們。

　　生命的熱情是一團火，當它未火火熱熱前，已要它燎原，只會讓它消失於廣闊的世界。我們怎樣一起將這火愈燒愈旺，是每位父母都要領受的人生謎題。

延伸閱讀

家長有時太關心子女，卻忘了關心作為中年人的自身。有中年危機嗎？中年是不是我們生命力下降的開始？哈佛大學生物學家大衛‧班布里基（David Bainbridge）在《中年的意義：一個生物學家的觀點》（*Middle Age: A Natural History*）一書指出，「中年危機」是個好故事，但並沒有心理學依據：「這概念太順理成章，而且無疑也很有趣，以至於連男性自己都愛談論中年危機。讓它更吸引男性的是，這是種抽象的概念，可以輕鬆地把任何小變動和恐懼納入其中，鎖起來，藏在某個看不到的角落裏。」班布里基提醒我們，中年像到達山頂，我們的認知達到完美的平衡，和伴侶關係可以是最穩定的時期，利用能量可以最有效率。中年可以是最好的時光。我們可以利用這黃金時期，幫助子女活得更好！

外篇：文字

今天，我們對小孩子的主要關注是如何讓他們能在最短時間做最多的事、如何能跳班、如何能盡快學「大人嘢」。

或許，在我們眼中，小孩有如白紙一張，任我們填滿。我們不打算認識他們，倒要他們進入我們的世界。兒童心理學看來會壽終正寢，因為再沒有「兒童」了。

發展心理學家讓‧皮亞傑（Jean Piaget）提出的認知發展論（Cognitive-developmental theory）似乎很不合時宜，因為他說的正是人的發展是有一個接一個的「階段」。四歲至七歲的「小大人」，看來像大人，但他們仍不是大人。因為他們仍是用直觀的、主觀的、自我中心的方式去獲取知識。他稱這為「前運作」（pre-operational）。

所以，這些「小大人」即使都能閱讀和寫字，卻未必是他們這「階段」最適合做的事情。他們最適合去經驗，與周遭環境互動，例如做手工、玩洋娃娃。

不過，香港的學校都很着重寫字，五歲的女兒也的確很快懂字，也喜歡認字，每天都還要做「線條練習」。但除了「人生識字憂患始」外，還擔心她會像筆者一樣，事事先以文字角度理解。文字概念性的特質，會令人忽略了直接的感受和空間的感知。直觀珍貴，童年獨有。有一天在科學館看實驗表演，主持人問實驗有甚麼「元素」，女兒也舉手作答。筆者驚訝她竟敢回答這種程度的問題。但原來她心目中的「元素」是枱、枱布……「正確答案」是乾冰、洗潔精。但沒有枱、枱布，這實驗在她心目中也的確做不成。

　　當她知道父親要去 workshop 時，雖然她懂用這字，說這字。但是，她卻會問：「啲人會唔會笑。」看來，在她心中這些地方的人們都很嚴肅。媽媽告訴她：「因為大家都很認真預備，所以不會笑。」

　　她們也學懂記着哪天是誰的生日，大家當然會誇她們的記憶力。有這樣的小朋友記着自己生日也的確開心。但三歲的小女兒始終會露出馬腳：我每天都生日。然而這才是屬於她的世界。看過電影《玩轉腦朋友》(*Inside Out*) 的家長，不是應該記得始終要她們自己離開童年世界嗎？乒乓 (《玩轉腦朋友》主人公幻想的朋友) 的生死並不由我們置喙。萬物有時，太快危險。

04

為何要有朋友？

—— 追求善的路徑

曾聽過有父母跟子女說要多交朋友，理由是這對將來很有用。通俗的說，是「識人好過識字」。不能說沒有道理，人際關係網絡在職場甚至在學術界的確很「有用」，會帶來不少實利甚至很多可能性。但那是我們追求的友誼嗎？當中，會否缺乏一點愛呢？

對，除了責任，還有愛。

甚麼是友愛？

甚麼是友愛？友愛（philia）雖名為愛，但沒有慾愛那麼令人昏迷，令人窒息，它更細水長流，是像荒野人生的綠洲。享受友愛，要負責任，但卻不只是責任，因為你能享受，當中必有愉悅。瑞典神學家安德斯‧尼格倫（Anders Nygren）指出友愛是獲取性的（acquisitive），在當中我們希望得到慾望的滿足。但博愛卻是一種犧牲和施予。透過友愛，我們變得更好，博愛則是完美的展現。上帝完美，才會愛不完美的我們。博愛是無私的，在愛中我們忘掉了自己，而友愛則是一種自我中心的（egocentric）愛。

「口痕」的人會說：友愛也不是很偉大呀。

讓我們回到評價的問題。博愛比友愛更崇高嗎？是因為有條件就低下，無條件就偉大？我們能否提問：這種「偉大」的愛是可欲的嗎？

當我們思考愛的時候，很容易鑽進牛角尖：一個人不是因為我的 X（X 是我的特質，可以是美貌或者財富）而愛我，那才是真的愛我。為甚麼？因為如果另一個人也有 X，他 / 她不也同樣可愛嗎？因為我的 X 而愛我，那我便成了可以取代的。所以，無條件的愛才是最偉大。

虞格仁（Anders Nygren）也指出這種愛不可取。我們願意去愛，只不過為了自己的快樂。因為我們愛 X——可能是金髮吧，故此愛一個金髮的人會令我們愉悅。不過，我們並沒有真的愛擁有金髮這個人。

這些推論是否太快了？我們可以辯說，世俗之愛是否可取，很視乎 X 是甚麼吧。如果 X 並不構成我的核心，這種愛似乎價值不高。但如果愛上我的人是因為我的堅定意志而愛，那價值就高了。他是因為我之所以為我而愛，這種愛不見得有甚麼問題。另一方面，被我愛的人會因為我在愛中感到愉悅而不快嗎？剛剛相反，如果我說跟他 / 她一起不愉悅，他 / 她才會不是味兒吧。

我愛某君是因為他 / 她心地善良，待人真誠，有顆公德心。但某月某日後，他 / 她變成了大奸人，無惡不作，欺騙他人感情。我不愛他 / 她，很合理吧？難道你還要我大愛才算偉大嗎？就算我真的做到，除了愚愛，還有甚麼價值？

無條件的愛不一定有價值，也不是唯一有價值的愛。

友情的再發現

　　說到這裏，大家當會明白不同的愛側重點很不同。由慾愛到神愛，由神愛到友愛，基本上都各自定義愛，也對怎樣愛作出了不同規範，不同的愛的觀念也有其「三衰六旺」。「下雨天總掛念從前」的友愛，也不是一直被歌頌。翻開由亞里士多德學者喬恩‧米勒（Jon Miller）編的 *Aristotle's Nicomachean Ethics: A Critical Guide*（暫譯《亞理士多德的尼各馬可倫理學：關鍵指南》）的前言，追溯亞里士多德由 1874 年，從亨利‧西季威克（Henry Sidgwick）至喬治‧愛德華‧摩爾（George Edward Moore）就被冷待了 100 年。這些哲學家都有深厚的古典訓練，但都對亞氏的倫理學不屑一顧！原因是亞氏的倫理學不夠規範性，吃了人間的煙火。亞里士多德的著作，特別是《尼各馬可倫理學》（*Nicomachean Ethics*），只是經過近年的再發掘，才被認為是心理學與倫理學的重新結合。

　　關鍵不只是我們應該怎樣，還有我們本身怎樣，我們的人性（humanity）是甚麼。我們未必因為有甚麼理由才要有朋友，而是人本身的性向就需要朋友，來交

流、來分享、來念掛。有條件，就是能在當中找到愉悅，但這無損它的價值。

哲學家妮拉・卡普爾・巴德華（Neera Kapur Badhwar）在 "Friends as Ends in Themselves"（暫譯〈友誼作為目的自身〉）一文指出，我們理解的友愛，跟神愛很不同。它不是不需要動機的，它帶有一個目的，就是獲取快樂。不過快樂並不是愛的目的，而是內在於愛裏。一旦得到前者，或者其他人可以幫助得到，我們就可以把那個人棄之如敝屣。友愛的其中一個標準，是你的「朋友」不能被取代。作為父母，我們若明白這點，就不宜輕易說以下諸如此類的話：

呢個朋友走咗，咪識過另一個囉。

人哋小明咪一樣讀書叻，點解你係要同小強做朋友呢？

人哋係因為你有錢先同你做朋友咋！

延伸閱讀

思想家米歇爾・德・蒙田（Michel de Montaigne）在《隨筆集》（*Essais*）〈論友誼〉（"On Friendship"）一文，以散文筆觸論述友誼的特性，就帶有濃厚的現代特色。不像亞里士多德那樣把友誼視作同一靈魂在不同身體，蒙田更強調我是我，他是他，但我們只是透過自由交流而成為朋友。這種把人的獨特性高舉的想法正是現代世界的特徵。我們身為父母的，也不能忘了自己正在現代世界生活。

外篇：返學

當老師多年，發覺初中學生很多已沒有學習動力，小學還喜歡看書的，中學都不想看了。高中會讀書的，也只是因為考試壓力。問他們為甚麼讀書，答案多是「要入大學嘛」！

有幸和小女兒一起上幼稚園第二課（第一課由媽媽陪同），希望可以找回「初戀」的感覺。有幾個發現：

有茶點吃。（為甚麼中學不可以預備多點一起吃東西的時間？）

播放的歌曲強調「老師親切和藹」。（為甚麼中學老師總標榜自己惡？）

有產出。小女弄了一條手鏈，現在已成了她家姐的至愛。（為甚麼中學的功課都是一式一樣，誰做的都是那個答案？）

有動作。小女兒的眼睛盯着老師的每一個動作，跟着做。（中學的課室只有書寫這動作？）

重視老師。小女會記着老師的姓,還說很喜歡她們。

返幼稚園的經驗,大部分人都有,卻相信已在記憶堆填區。但勿忘初衷,我們本來是喜歡學習的。

還有另一個返學的重要理由,就是,識朋友!

05

怎樣才算愛情？

—— 成為人的關鍵

家長都希望子女長大了能找到好伴侶，結婚、買樓和生仔是人生的標準軌跡。但愛情呢？父母是否也期望子女有真正的愛情？但怎樣才算愛情？

評鑒與贈予

長期在麻省理工學院（Massachusetts Institute of Technology, MIT）任教的美國哲學家歐文・辛格（Irving Singer）尤以其對愛的研究著名。《愛的特質》（*The Nature of Love*）共分三卷，第一卷由柏拉圖談到路德，第二卷由宮廷的愛（courtly love）談到浪漫的愛（romantic love），第三卷則說現代的愛（modern love）。他是名副其實的愛情學者，愛的專家。

堂皇鉅著的第一章是〈評鑒與贈予〉（"Appraisal and Bestowal"），可見這是辛格整個架構的核心概念。辛格指出，當我們對一件事作客觀評核時，是作評鑒（appraisal）。評鑒活動有專家，有標準。已投身社會工作的朋友，未必做過評核人，但一定做過受評人。理論上，你會知道評核人根據甚麼來評核你的工作表現。理論上，誰做評核結果都是一樣的，因為大家都是根據標準辦事。

但現實裏，評核人一定帶着自己的眼鏡看你。若你的樣貌跟評核人母親相似，可能已在暗地裏為你加了分

數。贈予（bestowal），在概念上就是要主觀的。它是由你肯定的一種關係創造的，你給予一樣東西情感或者重要性，你可能不理會你授予的重要性或情感是否可驗證或肯定，或者你根本不在乎。

又如，因為豬女是我的女朋友，所以她就是我的「女神」。事實上，豬女只是一個平凡不過的女孩。但我贈予豬女特別的價值。對，贈予可以令人受傷（有時太天真，太傻）、不智（衛生署學生健康服務網頁說：「年輕人都嚮往羅曼蒂克氣氛，需要注意的是太陶醉於甜蜜温馨的二人世界裏，往往會忽略了彼此在思想上深入的溝通。更會因為太沉醉於頻密的約會而荒廢學業，忽略了正常的社交活動，和與家人相聚的時間。」對，又是荒廢學業），甚至不道德，但不會像評鑒有所謂「錯誤」。

一層樓價值多少，我們可以找地產經紀或者銀行按揭部的專業人士來「估價」，這是有客觀標準之評鑒。然而，我在這居所裏結婚生小孩，渡過美好中年，和女兒一起玩耍，這些樂也融融的時光卻是「無價」的——我與這間屋已發生了不可告人的「感情」，它因此對我極其重要，這則是贈予。在土地供應不足、樓價高企之下，這種「愛」的確彌足珍貴。

在愛的活動中，我們當然有評價的活動，我們也會評鑒愛人很英俊、很美麗或者肚腩很大。但當進入愛的

關係裏，我們的贈予就不能還原（reduce）至評價活動。也即是說，評鑒和贈予是不同的。別人說我的家又爛又細，我也可以說這是 sweet home，這對於在愛關係的人來說是合情合理的——這就是愛。

愛扭曲現實？

愛作為贈予，豈不是扭曲現實，令人身處幻覺？辛格承認，愛是會招致很多錯誤，甚至跟道德沾不上邊。一個人可以愛上一個極度邪惡的人，他／她也許都知道他／她愛的不是甚麼好人，但卻偏是愛他／她。愛上吸血鬼大家都會覺得可以理解，這又有甚麼難明白呢？

因為愛是一種創造性活動，而非認知活動。「七分愛情三分騙」又如何，大家陶醉在一種似幻非幻裏。盧梭說得精妙：「不是愛令我看不到你的錯誤，而是愛令你的錯誤變得可愛。」我明知我的愛人不是完美，但在我來說，她／他是完美的。

一旦承認愛是贈予，而非評價，我們似乎可以解釋很多現象。我若有大愛，真的可以愛一文不值的人，此為博愛。我若無愛，就算再好條件也不會令我動心。這解釋了為何我們只愛獨特的一個人。

愛是不是最需要一個價值理論（theory of value）？意思是我們不僅僅愛，而是愛本身是一個評價行為。這

會引出兩條路：（一）我們根據被愛的人（beloved）擁有的特質而評價；（二）我們根據愛人的人（lover）的慾望作評價。辛格的理論也是一個價值理論，只不過它指出了我們有兩條路作評價。透過評價，它滿足（一）；透過贈予，它滿足（二）。它甚至是符合康德式的愛。在贈予中，我們不計較被愛的人可以滿足我甚麼目的，他／她不會是工具。

辛格的愛的理論到底也是將贈予放在一個較高的地位。他認為贈予可以取代理性的評鑒。不過，他又認為沒有評鑒，贈予也不可能發生。贈予令我們能超越，它令我們能諒解被愛的人之不足。愛很神奇，它令一個美男子可以愛上一個平凡的女子（去銅鑼灣走一趟吧，美女也不一定配美男），聰明的女子愛上笨男。在他們眼中，被愛的人好像（as if）擁有非比尋常的價值。無可避免的會估值過高，但愛讓我們創造價值，讓我們不再計算，不再斤斤計較。辛格又認為愛像一個舞台。舞台讓我們欣賞戲劇，愛則讓我們欣賞被愛的人。說愛扭曲事實未必最有意思，因為愛其實創造了另一個現實。

我們在評鑒和贈予之間徘徊。在電影《霍金：愛的方程式》（*The Theory of Everything*）中，霍金的伴侶Jane 願意跟患上漸凍人症的霍金結婚，照顧他 20 年，不能不說是贈予。但人不是神，終會疲倦，終會放手，

最後離婚也是人之常情。離離合合，大概源於我們不是神，也不僅僅是人。我們可以是價值的創造者，但也不是價值的遵守人。作為父母，要接受人不過這樣，沒法為愛情寫包單。在愛情的領域，我們也沒法代子女贈予。

延伸閱讀

　　英國哲學作家艾倫‧迪‧波頓（Alain de Botton）的小說《論愛》
（*On Love*），很適合作為認識愛情的教材。一對男女的偶遇、相愛和
分別，或許作為父母的你都經驗過，但當中有沒有難以理解的地方？
或者已因年月忘得一乾二淨？但別忘記，你的子女即將經歷這一生不
可或缺的一課，即使未必每段感情都能開花結果。

外篇：禮物

　　不知在哪位朋友的面書（Facebook）上看到一句話：「學生送給
老師的是禮，不是物。」

　　但現在的風氣是重物多於重禮。

　　記得有一位學生問學校為甚麼只送金莎給他們，而不送 GODIVA
（高級巧克力品牌）。

　　我那時只想到「何不食肉糜」。今天再想，大概，是物成了衡量
一切的具體示範。

　　禮背後一定有一種情，沒有情就只有禮貌的「貌」吧。

　　不稀罕「禮」或許是風骨，但不稀罕「情」，也可稱「無情」吧。

　　不過，「物輕情意重」，已成了成人的一句空話、謊話。

　　不想美化小朋友，但他/她們的確保留了我們珍惜的東西。

昨晚吃飯，大女兒自己拿匙羹潷水蛋，我着她也給我。同一時間，小女兒叫母親取豆豉給她吃。她口味獨特，一向喜歡吃豆豉——這當然是很可愛的。

　　令我驚訝的是，她竟是用小手拿匙羹將那粒豆豉放在我的飯碗裏，甚麼也不說，然後靜靜地吃飯。那一刻的確是大喜，但我和太太只可以暗喜——這份「禮物」自然成了我一生最珍貴的東西。

　　愛情也是這種禮物。

06

真的要不講大話嗎？

—— 面對世界的真實與虛假

在這個「後真相年代」，真假似乎不再重要。諾貝爾文學獎得主卜‧戴倫（Bob Dylan）在其自傳中也曾這樣描述這個世代：「說真話，很好。不說真話，也很好。」語言偽術橫行，另類真相（alternative truth）肆虐，我們該如何自處？

　　不過，無論世界怎變，好的父母一定會教導小孩子甚麼是對，甚麼是錯。教甚麼？必然上榜的倫理規條就是「不可講大話」。但是，若果他們問為何說謊是錯呢？那倒不是容易回答的問題。若你自己也不滿意「總之唔可以啦」的答覆，實應看看哲學家怎樣思考這問題。

為何說謊是錯呢？

　　若用德哲伊曼努爾‧康德（Immanuel Kant）那義務論（deontology）的觀點，錯就是錯！說謊任何時候都錯，因為這是道德的基本律令。說謊是把他人當成手段（means）而不是目的（end）。不過，這樣說雖然斬釘截鐵，卻違反了常理。

　　我們做事會看後果，若果不說謊引致的後果極壞，那說謊才是對的行為。舉例說，若有一個殺人狂魔問你斧頭在哪裏，雖然你知道斧頭在哪兒，但你又知道斧頭在他手裏必然生靈塗炭，你似乎真的要騙他說不知道才是合理的決定。若坦白告之導致有人被殺而問罪於你

時，你以「我不會騙人」作辯解，也會給人不合情理之感。

關於說謊，還有很多有趣的問題，若說一個謊能避免說十個謊，這樣，應否說這個謊？又如，在敵人拷問之下，是否真的要將自己陣營的情報開誠布公，而非說謊？

這樣說不是想證明說謊是可取的，只想指出更重要的一點：我們要考慮具體的脈絡（context），才能作出合理的判斷。美國女哲學家西塞拉‧博克（Sissela Bok）在其名著 *Lying: Moral Choice in Public and Private Life*（暫譯《說謊：公眾與私人生活的道德選擇》）就引入了一公眾測試（publicity test），改由合理人（reasonable person）判別不同的理由說明支持或反對某謊言能否被接受，而非把「說謊是錯」絕對化。

但一般而言，說謊是錯的，因為通常我們欺騙他人是為了達到自利的目的。受欺騙的人會受到傷害，可能因為沒有正確的資訊下決定，對未來或者世界失去合理的控制。

倫理學探討的重要性和趣味也在這裏吧，它令我們活得更好，更合理，而不是只有口號或者規條。

我們願意活在謊言裏？

不騙人，但被人騙，可以嗎？有些認真的人說無

知是罪，有些聰明人則愛引鄭板橋那樣嘆一句「難得糊塗」，誰對誰錯？

試想象，如果有一些壞事在我身上發生而我又知道，因而耿耿於懷，我的福祉（well-being）當然也會受損——那倒不如糊糊塗塗好了。我們不如一起考慮以下兩個情況：

（A）陳先生家庭和洽，太太賢惠，兒子孝順。陳先生對此也甚感快樂。

（B）陳先生家庭和洽，太太賢惠，兒子孝順。陳先生對此也甚感快樂。但事實是，太太有外遇（還不只一位），不過她是高手，隱藏得很好。兒子孝順，但他其實只是偽裝，內心深處，不過是想謀取家產。不過，陳先生對此全不知情，直到死時，他仍對自己有幸福家庭感到欣慰。

你認為（A）中的陳先生會否比（B）中的陳先生有更大的福祉嗎？還是兩者沒有分別？

說沒有分別的，大概會這樣想：既然陳先生在（B）中甚麼都不知道，他的主觀狀態和（A）的沒有不同，福祉何來有分別呢？

認為有分別的，則會着眼於客觀事態上的分別。（B）中的陳先生，並不是真的幸福。他不是真的幸福，是因為他的主觀狀態並不是由客觀幸福的事實造成的。

他只是無知於他不幸福的事實，所以，不算真正地處於福祉之中。把握世界的真實，應是福祉的一部分。

愛情中的真與假

常言道，七分愛情三分騙。所謂愛，是否也要建基於愛人對我，或我對愛人的正確認識？愛情不只是情感，也不只是慾望，它還牽涉我們的信念（belief）。但問題是：你要愛人對你有多少了解，才算是真正認識？酒不醉人人自醉，網上騙案特別多。就算「拍拖」，也只能了解對方的片鱗半爪。更重要的是，人們投入愛情並不如柏拉圖所想，是為了追求好的東西，而是為了相信我們想相信的東西，也就是可以自我欺騙。

哲學家拉加・哈爾瓦尼（Raja Halwani）在 *Philosophy of Love, Sex and Marriage: An Introduction*（暫譯《愛、性與婚姻的哲學》）一書就指出，我們在愛中，連信念也被扭曲了：我們會因為喜歡的人的一顰一笑，而自己製造「他／她就是我的 Mr. / Miss Right」或者「我們緣定三生」這些毫無根據的信念；我們甚至會自欺欺人地，願意相信一些虛假的信念（例如他／她有苦衷的、他／她太不懂包裝自己了），以掩飾愛人的不足甚至醜惡。哈爾瓦尼因而指出道德監管（moral monitoring）在愛情關係中特別重要。

人總是很容易跳到另一個極端——那甚麼都告訴對方吧:「我今天想起初戀女友」、「你比阿陳的女友醜得多」、「你穿甚麼都一樣醜啦」,試試這樣說真話,看你會不會得到「好男友獎」?

　　如果一段愛情關係算不上欺騙,部分理由是因為沒有蓄意欺瞞吧。但愛情關係也不能要求雙方達到徹底透明的程度才算好 / 對。因誤會而結合,因了解而分手,不是說笑的。但全不了解你,全因誤會而結合,你也未必珍惜這種愛。作為父母,除了教導子女不要「講大話」,更重要的,是帶領他們認識「人生」——在求真與糊塗中尋找美妙的平衡。

延伸閱讀

中國哲學家馮友蘭在《新世訓》解說「人情」和「世故」，很精彩。我們常將人情世故放在一起，但馮指出兩者是不同的。他用例子解釋：若有人探望你，你也應該去探望他，這是人情。禮數不是虛偽而是情的表達。但若有人對你很差，你竟然隱藏着怨念而對他很好，這就是偽了，人們會說這是「世故很深」。不通人情不好，世故很深也不好——中國文化很多智慧仍值得我們傳授給子女。

外篇：坐巴士

據說，年輕人現在愛坐巴士，因為可以用手機「打機」。我也有同感。最近沒有坐長途車，看的戲也少了。沒錯，現在看戲都只是在小屏幕裏穿梭，看過的很容易忘記——現代生活之特徵。

和大女兒一起坐巴士，倒是難忘。不是旅程中有甚麼驚險，車程往往也不過 15 分鐘左右。是她問的問題喚回我存在的陌生感。

「點解要有倒後鏡？」

「點解要有紅綠燈？」

「點解架車要停？」

「點解巴士無嘢食？」

「點解巴士有電視？」

「點解啲人唔坐地鐵？」（我批評了她這個問題。因為，她只用自己的觀點看世界，以為自己乘巴士，人們就不會坐地鐵：存在不只是她感知到的。）

我也努力地回答她的問題，因為我知道只有她會問我這些問題，也只有她會聽我的「答案」。

最近，她問得少了，一程車只問兩三個問題。是因為她已經習慣了這城市，已習慣了她的生活？

學懂人情好，但別變得世故。

07

這樣又錯，那樣又錯

——道德兩難不可迴避

誰不想兩全其美，面面俱圓？然而，我們總要理解人的時間有限、精力有限，肉身只得一個，做到 A 就做不到 B，「順得哥情或會失嫂意」。我們在道德抉擇裏，也會面對所謂道德兩難（moral dilemma）。眾所周知的兩難例子之一，是希哲柏拉圖在《理想國》（*Republic*）的例子：正義要求我們應及時歸還借來的東西，但若果要把武器歸還給一個心理狀態不好的朋友，恐怕會釀成慘劇——應避免他人受傷和應歸還借取物兩個道德規條便發生衝突了。

　　不過，嚴格來說，這不算是道德兩難，因為柏拉圖都承認避免他人受傷的原則是優先。在手法上，也可待朋友「回復正常」才歸還武器。若是真兩難，則是兩者同樣在道德上重要，但一個人注定無力同時滿足兩者的情況下，便必然會造成道德的錯和遺憾（regret）。

　　當代法國存在主義哲學家讓‧保羅‧沙特（Jean-Paul Sartre）另一個例子也是經典。他的學生不知道他到底應該留在巴黎陪着其寡母，還是遠赴英國加入反納粹的戰役中。像我們中國人所說：「盡孝不能盡義。」兩者都是應該做的，但只能選一項。沙特的重點不在兩難，卻在於我們要作抉擇，世界沒有一個答案給我們，我們只能按自己的良心（conscience）行動，然後承擔責任。

看到兩難才算成熟

兩難的哲學問題就說到這裏。反而更想說的，是作為父母，讓孩子看到兩難才是讓他們成熟的路徑。過去，很多時候所謂的德育，都是教師將社會的一套價值觀用較激昂的語氣講出來。筆者記得最「正」的一句對白是：「要做一個好人。」看似無懈可擊，但怎樣實踐、定義，基本上沒有資料。呈現的道德圖像則好像是康莊大道，但其實扭曲至極。

社會是複雜的。為了應付社會，教師和父母不得不告知學生社會規範（social norm）是甚麼。不過社會規範是會變動的，而且不同社會，規範會有不同。甚至，在同一個社會，亦有不同的規範。一些人覺得同性戀在道德上不可接受，另一些人覺得沒有問題，那就往往會觸及價值之間衝突的問題。

在理性主義的哲學觀下，價值則是由人類理性所建構與肯定的，故此我們的道德教育應着重人的理性培養。心理學家勞倫斯‧柯爾伯格（Lawrence Kohlberg）的道德發展階段（stages of moral），把道德最高階段（post-conventional morality）看成是個人對自己選擇的原則之判斷，着重道德推論。他提出一個很著名的道德兩難例子，給不同年齡的孩子思考：

海因茨（Heinz）的太太得到某種癌症，快要死了。

醫生告知海因茨先生，有一種新藥或許可救他太太的生命。但藥商以成本價的 10 倍賣藥，海因茨先生不夠錢，於是四處奔走借貸，卻只籌得一半錢，他雖有請求藥商降價或容許他賒賬，但藥商卻無動於衷。最後海因茨先生為了救治太太，決定深夜到藥廠偷藥。

柯爾伯格問小朋友，應否偷藥？如果海因茨先生不愛太太，他又會怎樣做？如果那個即將要死的，不是她太太，又會怎樣？若海因茨的太太最後死了，警察應該拘捕藥商嗎？在柯爾伯格的道德發展理論裏，愈成熟的人才會看到道德原則是會互相衝突的，我們可以用很多不同角度判斷對錯，以為只有一個答案的，反而幼稚和危險。

活在多元社會

柯爾伯格的實驗手法較為粗陋，更被關懷倫理學（care ethics）的學者質疑其普遍性，特別是有否忽略甚至貶低女性着重關懷的倫理經驗，但他指出了一點，就是成熟的人才更能看到道德的複雜性，而非單純的以為自己有良好動機，就能活出美善。在自由主義者（liberal）眼中，我們活在多元主義（pluralism）的世界裏。多元主義，是指我們有很多種實現價值的方法，不能化約至同一種善。理性的人也會很自然地就何謂充

實、美好的人生有不同看法，難以達成共識。

德國社會學家馬克斯·韋伯（Max Weber）更稱這為「多神主義」（polytheism）。當然，這有虛無主義的危險，但若父母以為子女仍處於價值單一的傳統社會，也同樣令人不安。因為面對各種價值衝撞時，孩子或會感到困惑和失望，但更令人擔心的，是會衍生出「跟自己想法不同的人是『敵人』、是『他們』」的思維，而不明白，我們的道德世界真的不是我們期望的秩序井然，黑白分明。我們要學習的或許是容忍，是承受，還有抉擇。

延伸閱讀

　　若孩子問，不做任何抉擇去生活，可以嗎？家長不用急於回答，自己可先看看俄國大作家列夫‧托爾斯泰 (Leo Tolstoy) 的中篇小說《伊凡‧伊里奇之死》(*The Death of Ivan Ilyich*)。在小說裏，伊凡‧伊里奇 (Ivan Ilyich) 一生都過得很「正常」，畢業後當官、結婚生子，升官發財，死前才發現自己都「錯」了。不做道德上錯的事就是道德的人生？不會吧。一個人可以一生不做錯事，但如果沒有做過甚麼善事，或者有意義的事，又或者沒有真實地 / 本真地生活過，人生仍是大有缺憾。托爾斯泰說：「伊凡‧伊里奇過去的生活經歷是最普通、最平常，但也是最可怕的。」要認真存在，我們仍是要抉擇，去創造自己的人生。

外篇：功課

　　「今天又有功課？」爸爸忍不住說。

　　「咁學校一定係有功課做㗎啦！」四歲的女兒一本正經、理所當然的說。

　　想不到讀書兩年，「學校一定有功課做」已成了女兒的定見。一則以喜，一則以憂。喜的當然是不用擔心女兒的功課問題，憂的則是她這樣說會否太沒想象力？學校不可以沒有功課的嗎？學習一定是等於功課嗎？

　　盡一點責任，陪女兒做功課，題目是問她見過甚麼樹葉的顏色，然後就塗顏色。我問女兒樹葉有甚麼顏色，她只想到綠色。爸爸教學生考試，要按題目要求作答，又豈能挑戰題目，叫女兒填上她未見的樹葉顏色呢？黃色、橙色、藍色，統統不行。我心裏其實想，幼稚園學生就讓她們隨心所欲吧。

幸好，女兒總算給我一點驚喜。她拿了兩支綠色筆，一支深、一支淺。兩種綠色塗在一塊樹葉上，算是創新，但又「寫實」。功課總算有一個完美的句號。

　　閒聊似乎才是最好的想象力「功課」。小女兒問我甚麼是「為食貓」，我仔細跟她解釋。她聽完後，問我「咁有無為食狗？」大笑之後，我有一種滿足感。我一生都未聽過「為食狗」這名詞，世界好像多了新物種，少了一分沉悶。這樣自創新詞，隨意配搭，但給我們一種有意思的陌生感，不就是文學嗎？

　　和小孩子相處，一方面驚訝他們的想象力，一方面又眼睜睜看着想象力被「學習」摧殘，教考試班的筆者，每天都在懺悔。想起曾問學生「為甚麼要學這些知識？」答覆是「因為可以幫我入大學」——此之謂關於知識的定見。學習接受世界的多元，也是倫理教育的一部分啊！

08

何謂大奸大惡？

— 只愛自己的問題

這孩子小時候很可愛，大眼睛像對世事充滿好奇。他的父親是一個公務員，常常想孩子步他後塵。母親呢？她其實已有兩個跟前夫生下的孩子，卻仍視這孩子如珠如寶，疼他，即使這孩子在學校無甚表現。

　　這孩子是德國的阿道夫・希特勒（Adolf Hitler）。他是德國納粹黨的領袖，引發了第二次世界大戰，也下達了對猶太人的屠殺命令。他屠殺的層面相當廣泛：猶太人（590 萬）、蘇聯戰俘（300 萬）、波蘭人（200萬）、殘障人士（約 150 萬）、羅姆人（約 15 萬）、同性戀者（1.5 萬）、「耶和華見證人」（5,000）。看到這些數字，我們很難輕輕的說希特勒 "has done something wrong"。做出這種事，絕對是邪惡至極吧。

　　我堅信，沒有一位父母希望培育這樣的孩子。而事實上，人為何會作惡也絕不是父母或老師的管教問題，而是人對自由意志的誤用。

人為何作惡？

　　德國大哲康德其中一個不小的貢獻，是嘗試解釋為何人會不遵守道德律令。啟蒙哲學家往往只看人的美善，康德則嘗試面向惡。他指出我們不能守道德，是因為人有一種性格或傾向，會被我們那內在惡的傾向腐化。那惡是甚麼呢？康德認為，我們究竟是用道德律還

是自我利益作為格準（maxim），以之判斷我們是善還是惡。着重自我利益，將「我」看得太重、太自愛（self-love），都會損害我們的性格，成為各種惡的根源——康德稱之為「人性中的根本惡」（radical evil）。

康德在《純然理性界限內的宗教》（*Religion within the Boundaries of Mere Reason*，此書於三大批判之後，即 1793 年成書）一書就討論了「根本惡」的問題。如果只望文生義，讀者或會以為這本書是談宗教，但其實它是談道德的。康德相信上帝是否存在和有沒有自由意志並不在理性範圍和現象界之中可以斷定，但在道德的實踐理性中，我們卻能身在現象界而「經驗」到「本體」。康德的大刀一揮，說道德並不需要宗教或者上帝才能講得通。他的宗教觀和道德觀標誌了現代性，道德不需要宗教，但宗教需要道德。

康德不相信有所謂亞當、夏娃的原罪讓人們承繼，因為那不是我們自由意志的產物。他更認為我們的惡是「自然天生」的。康德區分了人的三種基本傾向，動物性（animality）、人情性（personality）和人格性（humanity）。在康德眼中，它們都不會違反道德律，甚至要求我們跟從。

可以說，康德對惡的理解都集中在自由意志上。人

本來有一善性，但何解有人能作惡？是不是人的本性會被腐化？但是，如果這些傾向是天生於我們，那便不可能是惡的根源，因為惡應是在我們控制之下出現的。老虎吃掉一隻馬，不是一種惡，因為牠只是順着自己的動物性。只有人能作惡，因為人能選擇。

將自己視為行為格準的來源

所以，由動物性而來的自愛，並沒有問題。問題是我們將自己視為行為格準的來源。這也是出於我們選擇。康德認為，不能像荀子那樣用動物性來解釋我們的惡。他用了我們思想上的轉變來解釋我們對惡的傾向，這種轉變會成為我們的性格。我們只有兩條路：一條路是通向道德之路，以道德原則為格準；另一條路則以我們自己為格準。我們雖身在社會、人羣之中，但卻以自己為中心，我們期望他人守道德律，自己卻抱守「禮教豈為我輩所設邪」的態度，可說是種非社會的社會性（Unsocial sociability）。我跟他人比較，跟他們競爭。我們選擇以此為格準，就是人的根本惡。那是一種習性，卻是人選擇的。我們要得到上帝的救贖和接納，也要由自己出發。這可見康德如何建構他的現代神學。

我們的自然傾向跟理性都不是惡的源頭——自由意志倒是！但惡本身（by itself）是甚麼呢？這樣說來，所

謂惡只不過是善的反面，而沒有更深刻的內容。我們有自由意志，故能以道德為原則，也能不以道德為原則。

好好自愛，好好運用自由

羅蘭夫人（Madame Roland）說過，「自由，多少罪惡假汝之名以行！」我們的時代精神，更認為價值並沒有一個放諸四海皆準的客觀性，有人提出教師只宜做價值澄清，而非灌輸的工作。美國學者路易斯·拉思斯（Louis Raths）提出價值澄清法（value clarification），讓個體能提高對自己的生活方式和行動決策之意識和反思，使價值成為分析和澄清的對象，而非去灌輸或者傳授。

但是這也引起很多的質疑：澄清只重過程，會不會忽略了結果？若澄清之後，學生覺得胡亂殺人是他的選擇，教師是否仍要說尊重、了解？道德判斷又是否只是一個人的選擇，可以抽離於社羣和其傳統？自以為是個人的選擇，又會否其實是意識型態下的產物而不自知？今天這種價值澄清，當然成了一個最大的「頭盔」：「價值沒有所謂對與錯，我會尊重和聆聽你的說法。你自己做決定吧。」

我們討論價值時始終要假定一些價值，對人的尊重，對人的關懷，還有避免對人的傷害。在這些前

提下，價值澄清法那着重討論、聆聽的特質，才有助教師了解學生而作出引導，畢竟價值非道德說教（moralizing），不是強加諸人，而是需要彼此的確認。

我們也要接受道德教育並不能保證培育出「好人」，正如教育哲學家羅賓・巴羅（Robin Barrow）所言，受過道德教育的人（a morally educated person）並不等於一個有道德的人（a moral person）。父母和教育工作者可以致力培養出前者，但是一個人能否做到道德，受很多因素影響——沒有受過任何教育的販夫走卒往往更義薄雲天。但是有受過教育就代表能想得複雜一點，能運用概念等作出判斷，這當然也是這本書的信念和工作。

延伸閱讀

美國女哲學家蘇珊・奈曼（Susan Neiman）撰寫的 *Evil in Modern Thought: An Alternative History of Philosophy*（暫譯《現代思想中的邪惡》）描劃了惡（evil）在整個西方社會文化脈絡下的意義。奈曼的惡的問題是廣義的：每一次我們覺得有一些不應該發生的事，一旦發生了，對奈曼而言，就有惡的問題出現。簡單來說，就是事實跟價值不協調。如果價值只是我們的事，跟世界無關的話，那這世界豈不是太虛無了？我們只是自以為是，呢喃着價值的詞語嗎？我們為何要道德呢？生命的意義在哪？這也是筆者常聽到女兒問的問題：「為甚麼世界有這麼多壞人呢？」

外篇：處分

想起颱風「海鷗」駕到，全家不用上課。天氣陰陰沉沉、沒精打采。不知小女兒們是否精力過盛，沒有「殺殺」但有「打打」。打阿媽阿爸、互打，暴力至極。各式各樣理由，但都是「發脾四」。

仍是那個「處分」：入房反思。哭鬧完、冷靜、認錯、出房。

然而方程式外總是千變萬化。

下午茶買了兩個麵包「醫肚」——吞拿魚包和芝士條也，一個給太太，一個給自己。女孩子們已經吃了很多東西，乳酪、生果等等，沒預她們。

吞拿魚包本是留給我自己的，但太太拿了去。沒事。但女兒們卻好像很飢餓，說要吃。太太分了一小份給大女兒，豈料：

「我要食大！」、「我唔要少少」。

哭哭鬧鬧，好言相勸，沒有辦法。

還是要「處分」。

過程中，女兒仍是要那個沒有「分開」的吞拿魚包。然而，它已經成為我們身體的一部分了。追求不存在的東西，無可挽回的東西，這是一種執着。但願，這不會成為一個惡念。

09

在哪裏學道德？

——黑格爾對康德的批評

現代倫理學的特徵是，不在世界裏發現價值，而是由作為主體的人創造價值。康德的倫理學是箇中的代表。

康德倫理學是義務論式（deontological）的規範倫理學，它不把對與錯建基於善與壞。義務論對着幹的，當然是後果主義或者效益主義了。行動式的後果主義（act consequentialism），就是把對與錯建基於行為的後果。如果後果是「好」的，該行為就是善的，反之，該行為就是「壞」的。德性倫理學也看重人的特質是否「好」，好的特質往往被稱為「德性」（virtue）。

康德似乎是希望道德擺脫於行為的後果和行動者的性格，而只集中在行為是否合乎律則，即一個行為在道德上的對與錯而已。美國哲學家蘇珊‧沃爾夫（Susan Wolf）指出了這種道德觀的問題。想一想，如果我來醫院探你的病，你當然很感謝我，或者會說：「你真關心我呀。」如果我這樣正經八百的回答：「我不是來關心你。我來，是因為探望你在道德上是對的。」你會有甚麼反應？沃爾夫想指出如果一個人只因一件事是對的去做，而非出自關心或者自身性格美善的展現，這樣是否真的那麼有「價值」？

定言律令是可普遍化的

不過，這似乎是將康德的倫理學「漫畫化」了。

因為康德並沒有說動機或者後果完全不重要，他只是說動機或後果不能成為我們行動的格準（maxim）。康德在《道德形上學基礎》（*Groundwork of Metaphysics of Morals*）指出道德價值建基於意志的原則，而非行動帶來的目的或後果。他提出那著名的「定言律令」（categorical imperative），也不是為了任何目的而做，而是為了其自身而做。康德認為這定言律令是可普遍化的，因為它不牽涉甚麼內容，是純形式、是純理性的要求。假言律令（hypothetical imperative）則永遠受制於其目標。

很抽象吧！舉例說，我很喜歡幫人，但這不能成為我行動的格準，因為「我根據我的幫人慾望去幫人」並不能普遍化。不喜歡幫人的人，就不用幫人、不應幫人嗎？在危急情況下，幫人是必要的道德責任，管你喜歡不喜歡。

道德責任跟我們做好事是不同的。做道德的事，要有正確的理由，要有善的意志。善的意志有無條件的價值（unconditional worth）。行動能展示意志，就已經有特別的價值。康德認為道德其實是理性意志的自主性。因此，康德的倫理十分看重動機。我要做一件道德的事，但我卻非常倒楣，失敗告終。但在康德眼中我仍是道德的。一個變態科學家意欲用超級細菌破壞世界，但

非常「不幸」，失敗告終。但在康德眼中，這位科學家仍是不道德的。

最高善

有趣的是，擺脫好或者善的康德，最後又提出「最高善」（the highest good）的觀念。他認為道德行為的最終目的（對，是有「目的」的！），就是為了最高善。當中不但有德性，更有快樂！快樂也是有道德重要性的，即使它受理性律則限制。康德甚至認為追求最高善會令人相信上帝存在和有來生。追求最高善而且有快樂，此之謂「德福一致」。

不過，我們要留意康德不將快樂從其倫理學系統排除，但始終不代表快樂會是其倫理學的核心。哲學家保羅·蓋爾（Paul Guyer）指出在康德倫理學系統中，自主（autonomy）才是道德要求的根本價值。道德主體自主意志是所有價值的根源。艾倫·伍德（Allen Wood）則指出人性（humanity）才是康德倫理學的根本價值。

我們應該追尋甚麼有價值的東西？我們作為道德主體，就是最有價值的。更準確的說，我們就是價值的來源。

細讀康德這一句：

我們不可僅僅將人視為手段，要將人視為目的。

但道德主體的價值在於甚麼？在於它本身有價值（這是甚麼意思？），還是它可以作善的行為？如果是後者的話，善的行為又決定了道德主體的價值。而且，自主不一定帶來道德行為，我可以自主做惡事，那不會因此變得很有價值。

　　當然，康德會談他的善的意志（good will），它本身就是有價值的。問題於是又回到了如何判斷那意志是善的。不是意志，而是因為善。還是那老問題，客觀的善，要有主觀的確認。但主觀卻不能決定甚麼是善。

　　還有一個問題是與康德同代的赫爾曼・安德里亞斯・皮斯托里烏斯（Herman Andreas Pistorius，他在生時被認為是德國呂根島［Rügen］最博學的人）所指出的：可普遍化的格準、定言律令如何能推動主體去追求，跟着它們的指導生活？是冷冰冰的律令，還是令我們熱情澎湃的善才是倫理學的方向？

黑格爾的批評

　　德國另一位大哲黑格爾，就對康德這種形式主義的倫理學作出猛烈批評。黑格爾學者莎莉・塞德維克（Sally Sedgwick）在 *Hegel's Critique of Kant*（暫譯《黑格爾對康德的批判》）一書歸納了康德倫理學的幾個問題。首先，若只考慮我們的動機和行為是否符合可普遍

性原則，這些道德律則太空洞了，沒有甚麼具體內容。第二，這些「道德律則」是否能推動我們行動？推動我們追求往往是我們的天性、歷史和對快樂或幸福的理解。若只有這些抽象「形式」，我們不能解釋為何人會作道德行動。第三，是我們的意志不能跟我們的道德責任相容，因為它們都是自然或者經驗的，並不完美或者神聖。但這樣將應然和實然二分的結果，是令它們中間產生一條不能逾越的鴻溝。

在哪裏學道德？不是在冷氣房中演算可普遍性與否，而是在傳統、在家庭、在社區裏。我們在那裏習得經驗的、實在的而且豐富的倫理知識——這是黑格爾的洞見。然而，黑格爾哲學太難，大家在哲學導讀又多數只看到康德，誤會了倫理知識是像數學那樣學的就壞事了。我們要留心，沒有直接可以運用於教養的哲學理論，而只有訓練我們思考而更好的教養哲學。

延伸閱讀

若想學做一個勇於面對生命挑戰的人，該讀甚麼哲學？可能會想到尼采，但筆者還想到海明威（Ernest Hemingway）。他的《老人與海》（*The old man and the Sea*）筆者看過至少三次，第一次看覺得極沉悶，最近再看才感到當中的偉大。可以奮勇面對失敗和孤寂氣慨，的確難得。在這位老人身上，在他的話語，我們掌握了人如何面對生命的倫理知識：「一個人可以被毀滅，但不能給打敗。」

外篇：原本・明明・全部

小女兒兩歲半，說起話來頭頭是道，好像自己已掌握了一個融貫的系統。成年人聽在耳裏，有時微笑；有時捧腹。

有一次，大家在婆婆家飲湯，小女兒看到家姐的湯碗有漂亮的「公仔」。於是，她就施展語言藝術，說：

「個碗原本係我㗎嘛！」

訴諸歷史，從來沒有這一回事。我們不為所動。

「個碗明明係我㗎嘛！」

訴諸自明，我們完全看不出為甚麼這碗會是她的。繼續不動如山。

「全部碗都係我㗎！」

由擁有全部碗的確能推出個別碗也是她擁有的。我們為她的推理能力鼓掌。可惜,事實是她從來沒擁有過婆婆家中所有的碗。

　　這樣說很笨,但卻是出自一個有推理能力的小孩子。會說這種話,因為她運用語言的目的就只有一個:就是達到她的目的。這種「語言能力」到底是天生的,還是編造藉口本身是十分幼稚的行為?

　　堅守原則,還是等大女兒喝完湯,再「借」給小女兒用吧。

　　我們也是在語言中學懂善和惡。

10

法家還是儒家？

——人生觀要小心建立

雖說香港是國際都會，但中國文化影響我們甚深，在人生觀上尤見其痕跡。我們常用儒、道、佛來概括自己的人生觀。常抱持日新又新，「天行健，君子以自強不息」的心態，並期望能道德感化同胞的，當是儒家。不強求，不造作，只求逍遙自在的，是道家。看穿眾生皆苦，緣起性空，而尋求人生解脫的，是佛家。今天作為父母的你，是哪種人生觀？你會期望自己子女抱持哪家的思想立身處世？

三家有互通之處

　　這樣說，當然是極度簡化。況且儒、道、佛家也有其重疊互通之處。比如中國化了的佛家，也採納了較入世的儒家觀點，在人間講佛教，立功德，而不只把眼光放在彼岸。儒家也用了道和佛家的智慧，將有為的心消融至純粹的善心。一個人若沉浸其中，就會感到各種人生觀的複雜和聯繫。

　　但另一種複雜性，是表象和真實的問題。面上是儒家，但內裏可以是法家。漢武帝就用上「儒表法裏」這種方法，作為他的管治術。他利用漢儒董仲舒「罷黜百家、獨尊儒術」統一了思想，尤其愛利用天人合一、君權神授的思想加強其管治之合法性，又用法家的權術運作鞏固權力。當我們現在說一個人是儒表法裏，就是說

他／她表面上高舉仁義道德，內裏卻只是相信權力和權術——表面的形象也不過是一種手段。

作為成年人的父母，也會明白在職場上不會只講仁義道德。因為道德規條不一定能幫助你達到目的，更多的時候，實然跟應然會有不可逾越的鴻溝。權位、人際處理技巧、語言，甚至威嚇都是達到目標的必要方法。當父母教子女要講道德，但自己日常生活裏則用「法家心法」，豈不也是儒表法裏？但若不教子女一些生存必須知識，將來豈也不是呆笨笨的書獃子？

法家是想甚麼的

由於名詞的簡化，我們常會誤解各家各派。事實是，儒家也講求事功，明儒王陽明就立下大功業，關鍵之處當然是要懂權變，不鑽牛角尖。不像顏回窮得「一簞食，一瓢飲，在陋巷」，王陽明則借軍功封爵，但這無損王陽明是大儒。成功不一定就是法家，也不一定是壞人。

那法家是想甚麼的？法家的人性觀不像儒家。儒家會認為人性本善，意思是價值源自人心，孟子說：「人皆有不忍人之心。」這不忍人之心便是價值之心。這樣看人，人當然是高貴的，也是人人平等的。不像後天的權位，必然是有高有低：「有天爵者，有人爵者。仁義

忠信，樂善不倦，此天爵也。公卿大夫，此人爵也。」
兩者兼得，是德福一致。但只有人爵，也不損我們作為
人的價值。儒家最核心之處在這裏。

法家呢？作為法家的代表韓非，受性惡論的荀子
的影響，並不認為人是價值來源。他把人視為受簡單的
法則制約，趨利避害而已。因此只要用賞罰兩個方法，
就能控制人的行為。君王就是好好地利用法、術、勢
去控制人的行為。作為家裏的君王，父母也不免有這
種思維。沒錯，小孩子年幼時，我們也真的會用這「行
為主義」式方法去建立他們的正確行為，這是因為小孩
太小，說道理也沒有用。不如早點培養好習慣，更有好
處。但記着，法家的對象是所有人，包括成年人，所有
人也不過是像動物般簡單。只有一個人不是，就是君
王。說到底，韓非的法家哲學，是希望君王能有效統
治，國家富強，不再昏亂。用心雖好，但其方法可說將
人變得不成人了。

因為人總有不同的思想，不同的看法，總有爭端。
如何處理？法家採取了墨家的「尚同」主張，人民與官
吏均應遵循人主的法治標準，以法為依歸。「以法為教，
以吏為師」，這樣做就扼殺了每個人的表達，也令社會
變得單一。

在這種黑暗的人生觀下，家庭也不可能是溫暖的，

韓非子在〈六反〉說:「且父母之於子也,產男則相賀,產女則殺之。此俱出父母之懷衽,然男子受賀,女子殺之者,慮其後便,計之長利也。故父母之於子也,猶用計算之心以相待也,而況無父子之澤乎?」在古代重男輕女的思想下,「產男相賀,產女殺之」的情況是常見的,但將父母和子女最親密的關係化約為計算之心,則可見法家思想對人性的極度不信任,對價值的漠視,已到達一個頗極端的境地。

父母的哲學思考

作為父母,你會培養子女怎樣的人生觀?人生觀不是小菜一碟,而是會影響我們一言一行。教師也會帶着不同的哲學觀和人生觀授課,持性善和性惡論,教學也會變得不同。抱持前者會把學生視為「人」,着重互相尊重和溝通,而信奉後者則較傾向把學生視為被控制的對象。

教師若果放大了我們子女的一舉一動,視我的子女為十惡不赦,黑暗一片,我們恐怕很難接受。小孩子跟我們都是人,是平等的,同樣值得我們尊重和關懷。這是儒家值得我們依據的地方,也是作為家長可以令世界更美好的途徑。

延伸閱讀

我們是中國人，育兒很難不受中國文化影響。但對當中的思想有幾多人能有正確認識？中國文化浩瀚，學者白首窮經，也未必能學懂學通。現為復旦大學文史研究院院長、歷史系教授葛兆光功力深厚，他的《中國經典十種》一書，是了解中國文化一個很好的途徑。作者選取了《周易》、《論語》、《老子》、三《禮》（《周禮》、《儀禮》、《禮記》）、《淮南子》、《史記》、《說文解字》、《黃庭經》、《般若波羅密多心經》、《壇經》等 10 部古代經典，呈現中國文化的各個面向。筆者欣賞這本書語言絕不深奧，但又有堅實的資料考證。更重要的是，作者視野廣闊，沒有將中國文化局限於儒家文化內。我們帶着這視野，定能較好地向子女呈現中國文化的精華。

外篇：規則

有一次，和女兒們在紅磡海濱花園散步，看海，看水母，看游泳的人。那是老伯伯的頭吧，在水裏，一浮一沉。轉眼間，卻已來到岸邊。

「水乾淨嗎？」

「還可以！」

這些談話，是城市生活的趣味。

我們還看到人們遛狗、釣魚。這也是城市生活的趣味。

大女兒對規則十分敏感，常愛看告示牌。她喜歡解讀那些表示不准甚麼、不准甚麼的圖像。解謎是人的本性吧。她一路走，一路發現：

　　不准游泳

　　不准釣魚

　　不准攜犬入內

　　對她的震撼是，她剛剛才看到公園裏違規的事不斷發生！

　　我只能告訴她，有些規則未必是合理的，也未必是最有意思的，有些規則扼殺我們的生活和創意。我真的不懂如何將「管理主義」向她解釋：規則的設定，只是為了方便管理者，而不是使用者。

　　但她在實際的場景，似乎明白，寫出來的規則，畫出來的規則，也是可質疑的。因為游水、釣魚和遛狗，都沒有帶來甚麼重大的不妥。但我不忘向她補充，我同意不亂拋垃圾這規則。

　　要說清楚一件事，不容易啊。

11

道德的人要講美嗎？

——道德和美的互通

曾看過美學學者楊植勝的一篇文章，有一句很深刻：「要找到幸福的途徑，與其學習倫理學，不如學習美學。」對於筆者這種因倫理學是關懷人生幸福而深被吸引的人來說，這句話好像是說筆者大半生都走錯了路，不可不說是一大打擊。但知錯能改也是好的，幸福之路原來還有另一條：美。

每個父母都想自己子女有幸福人生吧？那麼應該指導他們向着美前行，還是向善推進？對和錯，跟美和醜，是不同的概念，但它們有沒有路徑接通？美到盡處是否能看善？善是否也能看到美？

小說與道德

要回答這些問題，鑰匙原來是小說。英國哲學家柯林‧麥金（Colin McGinn）指出，要了解倫理學，最好就是將人放在獨持的脈絡（context）。現代哲學卻往往追求抽象的原則，特別是後設倫理學（meta ethics）的流行，就將道德問題集中在一些形上問題，例如道德判斷是主觀還是客觀，道德有沒有事實陳述部分——諸如此類。至於較具體的道德問題，例如道德性格（moral character）則被漠視。

他在 *Ethics, Evil and Fiction*（暫譯《倫理學、邪惡和小說》）中，就利用小說，比如《科學怪人》

（*Frankenstein*）、《道林‧格雷的畫像》（*The Picture of Dorian Gray*）等名作，展示不同的道德性格，以及我們如何對不同的性格作道德評價，特別是邪惡的性格和它的道德心理（moral psychology）是怎樣的。麥金認為，小說和故事能令道德問題更尖銳，能令讀者利用自身經驗跟小說人物感而通之，讓我們的道德感能培養、能運作。

他在書中提出了一個德性的美學理論（aesthetic theory of virtue），指出我們的道德評鑒很多時是對性格的美學評鑒。我們看到一個人的性格，並不只是說好和壞，也會看美和醜。

他進一步指出，如果兩個人在德性上各方面都相似，他們就會有相似的道德美感特質。

也即是說，道德美感特質不等於德性，卻在概念上互相連結。若你的靈魂要美，就不能在道德上有缺憾。

麥金再言道，美國小說家赫爾曼‧梅爾維爾（Herman Melville）創作的小說《水手比利‧巴德》（*Billy Budd*）中就有一個壞蛋角色叫克萊伽（Claggart）。不知何故，克萊伽總是想比利遇到壞事，對，這對他沒甚好處，但比利的痛苦就是他的目標。你能想像和感受到克萊伽的靈魂很美嗎？相反，你一定感到當中的醜陋。

在一個人的性格裏，美和善，跟醜和惡，是相通的。

穿透外表的醜陋

雖說「相由心生」，但其實撫心自問，我們較少看心。現代人着重外表和身體，誰化妝漂亮，誰健身壯碩，已成了評鑒別人的重要標準。麥金指出，若根據他的理論，我們或更能穿透外表的醜陋，而理解到人有靈魂的美麗。雨果（Victor Hugo）筆下的《鐘樓怪人》（*The Hunchback of Notre Dame*）或大衛·林治（David Lynch）導演的《象人》（*The Elephant Man*），兩者皆其貌不揚，甚至令人懼怕。但在小說世界裏，透過讀者的同理心和耐心理解，他們內心的美好仍能浮現。這是小說的神奇，也是為何小說會被視為倫理教育（moral education）的一個重要工具。

聰明的讀者或會想，心不像外表，誰能看到呢？也是的。日常生活我們因此能騙人也騙自己。但在小說世界，我們倒可以變成金睛火眼，看到問題的真相。

英國作家奧斯卡·王爾德（Oscar Wilde）的小說《道林·格雷的畫像》就呈現了一個人道德敗壞和外表美貌的關係。道林·格雷是一個美麗的人物，承繼了大量遺產，出入上流社會，可說是「人生勝利組」的核心成員。但受到奸人的荼毒，被灌輸了快樂是人生中唯一值得追求的東西的「歪理」，便由此墮落了。格雷感到青春有限，享樂有期，但慾望無窮，該怎辦？

格雷做了一個浮士德式的「交易」，他自己容貌可以保持不變，但畫家早前給他畫的一幅漂亮肖像畫卻會隨他的經歷而變。這當然是小說家的妙思想象，讓我們的內心世界變得客觀可見。這肖像畫也因此可以清楚紀錄格雷的內心變化，如何醜陋、邪惡，都形象化地呈現。

每個人都有一張肖像畫

我們每個人都有這張肖像畫，不過是收藏起來，甚至連自己都看不到。若依禪宗五祖弘忍首座弟子神秀的說法，對這張肖像畫真的要「時時勤拂拭，勿使惹塵埃」。然而過度注視自己內心，甚至沉醉於自己內心的美麗，也會有自戀症之嫌。美是會令人沉迷的，無論是外在美，還是內在美。明乎此，怪不得六祖慧能那「本來無一物，何處惹塵埃？」的確是境界較高。

道德的確會找到一種美感。在美的世界也會有機會跟善相遇。《論語‧八佾篇》裏，孔子評論韶樂（上古舜帝之樂），「盡美矣，又盡善也。」對武樂（歌頌周武王伐紂的樂曲，有殺氣）則批評「盡美矣，未盡善也」。盡善盡美，是藝術的追求，做人也如是。做父母的，又有誰不希望子女外表健康美麗，心靈善良美好？但這不但是一生的功課，更要對現在紛紛擾擾的花花世界說不。

延伸閱讀

詩人哲學家弗里德里希・席勒（Friedrich Schiller）的《審美教育書簡》（*On the Aesthetic Education of Man in a Series of Letters*）本是一系列給丹麥親王克利斯坦（Friedrich Christian of Schleswig-Holstein-Augustenburg）的信件，當中討論了有關美學教育的問題。席勒對啟蒙運動抱質疑態度，他看到的是人性的疏離。透過美育和對美的追求，人才能找到人性和活得更有人性。家長下次帶孩子學畫畫，或者可以想想：學習藝術和追求美是為了甚麼？

外篇：創作

喜歡文學。但文學究竟是甚麼？我喜歡文學甚麼？不同創作者都有不同看法。有的視之為「走鋼線」的高難度動作，是一種可以超凡入聖的技藝。有的視之為建功立業，不朽之一。有的視之為文青的「身分證」，以示入型入格。有的則視之為個人修煉，行雲流水，但求莫逆於心。文學是人類活動，不同的「人類」自然有對文學不同的示範。

女兒這兩個「小人類」也在她們的生活展示文學操作。特別是在郊外，她們的創作慾更強。

五歲的大女兒無端一句：「蝴蝶像落葉，落葉像蝴蝶。」

喻體變喻依，喻依變喻體，就有兩種看事物的方式。文句的變化，也如蝴蝶落葉。

三歲的小女兒拿了地上一枝樹枝做「枴杖」，很好玩。差不多要離開郊野公園，我們要她「放下枴杖，立地成佛」。

但她撒賴，說「要好低好低」，意思是要下山才放。

走下了樓梯，她又說：「要再低再低。」

之後再說：「要再低再低先得㗎。」

因為她一再重複，竟令我有這山深不見底之感。

不過，語言最了不起的，就是能令人喜、令人悲。最近太太工作有點阻礙，女兒某晚竟突然一句，給媽媽一句祝福：「工作開心」。這不常用的祝福語卻有文學最珍貴的力量：它令我們都哭了。

12

專業精神至高無上？

—— 服從不等於做對了事

上一章我們嘗試在哲學討論中引用文學。文學和哲學不同，就是前者可以讓我們走進一個人的內心，跟他／她進行一次倫理思考，有脈絡、有人物、有感情。哲學，免不了要客觀，要跳出自己，跳出社羣，跳出歷史。哲學跟文學各有各的理路和風景，問題只是兩者能否合作。

　　戴着哲學和文學的眼鏡，是否能看到一個新天地？還是遠視鏡跟近視鏡一起戴那樣滑稽？筆者的經驗多是正面的。文學和哲學的結合多能令我們看到更多。

　　倫理學家 J・彼得・尤本（J. Peter Euben）在 *Naming Evil, Judging Evil*（暫譯《命名惡、判斷惡》）一書的一篇文章 "The Butler Did It"，就用了 2017 年諾貝爾文學獎得主、英籍日裔作家石黑一雄（Kazuo Ishiguro）的《長日將盡》（*The Remains of the Day*）與美籍猶太裔政治學家漢娜・鄂蘭（Hannah Arendt）的《平凡的邪惡：艾希曼耶路撒冷大審紀實》（*Eichmann in Jerusalem: A Report on the Banality of Evil*）並讀，的確能讓筆者對尋常的邪惡有更深刻的理解。

　　「尋常的邪惡」（banality of evil）也有譯為「惡的浮淺之處」，意即「犯罪者（在旁人眼中）犯下極其可怕的罪行時，直到被定罪至走上斷頭台的一刻，都沒有真正意識到這種罪行之嚴重性。」但如果放在《長日將盡》

的脈絡看，我們發現有些人犯惡不是未能意識，而是放棄意識。有些惡的出現不在極權統治，而在專業迷思。

若說香港家長的深層渴望，都是想子女成為專業人士。一來，誰希望自己子女像魯賓遜，雖可開創一番事業卻要承受飄流在外的風險？又有誰想子女職業的薪酬微薄，在社會上被人輕視？專業人士就兼有各種優點：社會地位高、薪酬優厚而且穩定。要將「專業」這完美的詞語跟邪惡連上，實在叫人難以置信。

作家石黑一雄的小說，巧妙地從一個英國貴族府邸的男管家史蒂文斯（Stevens）出發，將一個普通人和惡的關係更細緻的呈現。比起身為納粹德國前高官奧拓・阿道夫・艾希曼（Otto Adolf Eichmann），遠在英國的史蒂文斯可說跟屠殺沾不上邊。他只是一個盡忠職守的管家，替貴族達林頓（Lord Darlington）把老宅管理得井井有條。上至人事管理，史蒂文斯懂得如何讓下屬發揮潛能；下至家居清潔，他可是一個對銀器的清潔極執着的人。不論用甚麼角度看，史蒂文斯都是一位出色管家，可說是一絲不苟、專業精神的典範，絕對可以「安心聘用，融入家中」。

不過，他的「好老闆」達林頓卻是一個幼稚和危險的人，他希望英國跟納粹德國結盟，來換取國家的長治久安。這可說是跟大惡共謀了。史蒂文斯作為一名忠

僕,「覺得家庭內外都不應該牽涉太多政治」。不要問,只要信,可就是史蒂文斯的侍主態度。史蒂文斯愛強調,達林頓絕不是壞人。

只做好份內事的可怕

但是,當老闆問你的政治取向,問你的看法,你可以怎樣?史蒂文斯只會擺出「呢啲嘢唔係我跟開」的態度,說自己只懂管家的事情。還有「真係唔想越權囉」,專業講求服從,史蒂文斯為了這份工作,連感情都遏抑了,斷送了跟肯頓小姐(Miss Kenton)的一段感情。達林頓的政治立場是甚麼,他是不管的。他對政治沒興趣,當主人公大談政治和道德時,他都沒有好奇心,做好份內事可說是他的唯一關注。在他眼中,政治是那些紳士閒談、彈指之間的事情。他只要一心一意為他們弄好宴會的安排,他就問心無愧,可以無大過了。

鄂蘭說,艾希曼的問題,就是太多人似他了——這麼正常,這麼專業,這麼值得尊敬,但他們卻放棄了自己的思考,即使跟極權還有相當的一段距離。我們不也更像史蒂文斯嗎?他是如此正常的一個人,你絕不能說他是惡,用甚麼「尋常的邪惡」來形容他似乎太過份——我們的道德語言該怎樣才扣得住現實呢?

尤本指出,專業精神可以入侵我們的道德,給我們

道德假期，將自己成了實現目標的工具。史蒂文斯不是惡人，但他這種放棄判斷和沉迷專業的形象，卻符合了「平凡的邪惡」的條件。另一方面，最重要的是，道德判斷和政治判斷是無可逃避的，這才是人的尊嚴所在。政治和道德為何不能只是專家的事，也是如此。在日常每一刻，即使沒有甚麼惡行發生，那只是幸運，若身處一個作惡的環境，我能跟艾希曼作不同的事嗎？如果我是一個管家，我能跟史蒂文斯作不同的事嗎？這關乎修養、判斷和勇氣，是我們性格的培養。更關乎我們能否時刻保持思考的狀態。現在的教育有做到這一點嗎？

家庭可容納不服從嗎？

家庭可容納不服從嗎？正所謂「要聽爸爸媽媽話」。懂服從當然是很重要的，如果人人凡事都說不，相信社會難以運作。但是，服從是有前提的，看服從的是權威、理性，抑或根本不涉大是大非？若不服從是為了反對不當權威、不理性，捍衛大是大非，如此的話，何錯之有？爸爸媽媽也真的有機會錯啊。

「服從原教旨主義者」卻會認為任何時候都要服從才能學懂服從，所以不管規則多不合理，也要孩子守下去才算「學到嘢」。孩子可能真的學懂無條件服從，但是卻犧牲了思考能力。服從，也可以只是無動於衷、袖

手旁觀的犬儒。能讓孩子保持能思考和願思考的氛圍，相信是每個家長都應有的更高養育視野，這當然要極大的心量，也要積聚不少智慧和能量——共勉之。

延伸閱讀

在以色列耶路撒冷的法院，鄂蘭出席了對大屠殺負責人阿道夫·艾希曼（Adolf Eichmann）的審判。她在《紐約客》刊登了審訊的「報告」，並於 1963 年出版了《平凡的邪惡：艾希曼耶路撒冷大審紀實》這本百多頁的小書，書中那「平凡的邪惡」概念可說已是知識界的流行用語。當然，大家都會知道那不是字面意思的理解，不是說惡已經很平凡和尋常，大家應該習慣「新常態」。恰恰相反，鄂蘭提醒我們「不要習慣」。平凡的邪惡也不是指一些貪小便宜、說別人壞話的小奸小惡，鄂蘭討論的是納粹德國那對猶太人作大屠殺的「最終解決方案」（final solution）。她要探問的，是為何這種惡會發生。為了下一代，父母也應該有這種探問。

外篇：故事

女兒的學校會派發「故事紙」，但裏面的故事總是怪怪的。

其中一個故事說，小朋友在公園看到無殼蝸牛，於是好心腸的將牠帶回家。

這種故事可以有甚麼下文呢？

蝸牛第二天死了，孩子們哭如淚人？

還是，蝸牛不辭而別，孩子第一次明白甚麼是被「遺棄」？

這些結局可能較真實。

官方論述是，小朋友上網找資料。資料說，蝸牛要住在自然界

裏。於是，第二天小朋友將蝸牛放回公園裏。Bye bye。一個完美結局。

各安其位，你有你上網，商場吸冷氣，公園已是「大自然」。

我們先要承認其實現代人無法跟蝸牛建立任何關係，無法理解牠們——這雖殘忍，卻是要小朋友明白的事。我們與自然世界割裂了。明白這點，才有機會尋回自然女神。

但這會是很讓人不舒服的事吧。

有一晚，吃完飯後搭港鐵，竟在車廂內看見一隻蝸牛。全車廂人像見到大笨象那樣。不，大部分的人其實都在看手機。我才突然記起女兒要讀的這個故事。

能思、能想、能感，不是我們希望見到的下一代嗎？

13

人該如何看待自然？

—— 人也是自然的一部分

新冠疫情期間，家長應該都多了時間和孩子去郊野公園走走，相信不難感受到：香港真美！但香港近年也像一個大工地，那些以填海為主的工程，就威脅到海洋生物的生存環境，中華白海豚的數量已經一直下降。但海洋生物不懂抗議，我們還打着「先發展，後保育」的口號，說工程後會建海岸公園讓白海豚「回歸」。真的可以這樣對待生態嗎？當連郊野公園都在「考慮」發展之列時，我們實在有需要探討人該如何看待自然的問題。

人類中心論還是生物中心論？

　　其中一個討論的糾結，就是人類中心論 (anthropocentrism) 與生物中心論 (biocentrism) 的二元對立。某一些人類中心論者，認為自然只是人類被利用厚生的對象，自然最多只有工具價值。這多少反映現今人類的心態，經濟發展是硬道理，保護 (conserve) 環境也不過是為人類着想。一些人類中心論者，更是種族沙文主義者 (species chauvinist)，把人類利益永遠置於首位，即使那些利益多無聊——這似乎很難在任何情況都說得通：如果有一個「壞人」，只是「貪得意」想吃吃狗肉或者海豚肉 (都是智能很高的動物)，於是就去殺害一隻狗或一頭海豚，我們都應覺得那是錯的。

　　另一方面，一些深層生態學學者 (deep ecologists)，

例如挪威哲學家阿恩．內斯（Arne Naess）等就認為自然有內在價值。首先，他們認為價值是客觀的——沒有人，價值仍在。他們眼中的自然，是一個沒有人的、徹底的荒野（wilderness）。人被想成侵入者，破壞者。想想沒有人的地球，那才是自然的最佳狀態，是最真實（authentic）的。

「深層生態學運動」（deep ecology movement）還提倡生物圈的平等主義（biospheric egalitarianism），認為所有生物都有牠們的價值，而並非沒有用（usefulness to others）。這種推廣不好說，因為它將平等推到沒有生命的東西，比如石頭、岩石。這對愛談平等的筆者來說，要同情地理解也有一些難度。你就算懂得跟狗和馬講平等，但跟藤壺、白蟻和細菌的平等該是怎樣的？人類能夠和威脅我們生命的 HIV（human immunodeficiency virus，即愛滋病毒）平等共存嗎？（這樣說真的有意思）如果花草都有生命，跟我們平等，所以不能吃，不就如筆者的一個學生所說，「我們豈不是要 eat dirt？」（他曾以此問一位推廣動物權益的講者）

筆者也常聽到愛護環境的朋友說：「人類就是自然界的最大敵人」、「沒有人地球就會好」。這種看法有幾個危險：（一）將人類社會跟自然徹底分開，反而令人跟自然更疏離。（二）將自然看成跟政治、文化這些人

類「產物」無關，會令我們更不了解自然。（三）要作實際行動，必須說服保育自然對我們也是有價值的，而不是說「我們」消失了，自然的價值才彰顯。（四）漠視了自然的演化已跟人類行動糾結在一起。城門水塘郊野公園也不是自有永有的，是透過人的植樹變成。（五）自然至上的話，人權可以全無地位。一些人愛說，人相比起一隻鳥，並沒有更高的價值。為甚麼？人的理性固然屬害，但鳥的內置導航系統、海豚的聲納系統何嘗不是？因此，大家都是平等的。這點說說容易，但當人跟動物的利益衝突時，甚至人的生命跟動物利益衝突時，我們會否就捨去人的權利？如果只有動物的荒野真的這麼有價值，那將有人的文明變成荒野是否也有相當價值？日常生活常聽人說沒有人所有環境問題都解決了，那麼，控制人口就是對生態好。但該如何控制，節育還是屠殺？說到底仍是要尊重人的自由和權利。

另一種人文主義者

英國哲學家馬修 · 漢弗萊（Mathew Humphrey）在他的 *Preservation Versus the People: Nature, Humanity and Political Philosophy*（暫譯《保育，還是人：自然、人性與政治哲學》）一書，就為人文主義辯護，雖然他抱持的人文主義認為，人跟非人類的動物有根本的分別。

人有理性、精神和語言的能力。

但他同時認為人類中心主義和生物中心論的對立是不成立的。他關心的問題是在甚麼情況下一個機構或個人可以合法地去進行自然保育，而同時照顧人的利益。

生物中心論無法迴避的問題，是人類利益的問題。人類利益可以是短視、狹窄、被操控和塑造的，但是將人類利益和人類在一個道德系統中掃除，是令人難以接受的。較佳的做法，是將人的利益和需要放在自然的脈絡照察，並指出這種新看法會給人更佳、更好的「利益」。我們將人看成是吃喝玩樂的生物是不對的，那只是資本主義社會、消費主義下的「洗腦」。

電影《一代宗師》有一名句「見自己，見天地，見眾生」，其實都是說一個人的眼界，不過範圍更廣更闊。我們雖說自己最了解自己，但事實上有時我們會被自己偏狹的慾望所蒙蔽，我們只看到慾求（want），但看不到我們最真實的需要（need）。先把自己看成是一個滿足慾望的容器，問題是，甚麼慾望才是「值得」被滿足？耕作的朋友，顯然也會考慮自己的利益，比如種甚麼菜賣得出。但他們卻不會將土地僅僅看成自己慾望滿足的工作，也不會將土地耗盡，然後棄之如敝履。野豬來農地，是否一定要將牠們射殺才符合人類利益？用農藥尋求最高生產率是否就是符合人類利益？這絕不是人還是

保育的問題，而是保育如何讓人生活得更好。

筆者聽本地農夫說，野豬雖然吃掉農作物，但也在「偷蕃薯」的過程中翻鬆泥土；農藥既將生態搞亂，也會令人身體受損。我們現在最大的問題，不是甚麼人類中心的問題，而是我們把人類利益限制於短期經濟利益上。生活素質中的多元價值，比如生物多樣性、公平、精神滿足，或許會令我們更好地看到自然跟我們可以有更融和的關係。這種觀點，總比等「人類死晒，地球會重回美麗模樣」的想象，更能推動我們努力和行動吧？我們要培養的，是以實際行動拯救地球的下一代人類，而非舒舒服服地否定人類的下一代。作為家長的你，又會如何教子女對待自然？

延伸閱讀

我們常擔心孩子有物質上的缺乏，可也有擔心他們跟自然接觸的缺乏？《林間最後的小孩：拯救自然缺失症兒童》(*Last Child in the Woods: Saving Our Children from Nature-Deficit Disorder*) 的作者理查德·洛夫（Richard Louv）指出，在美國社會中，兒童與大自然的接觸愈來愈少，他稱此為「自然缺失症」。香港社會，不也有相同的問題嗎？看到兒童在大自然裏，總是令人感到健康的幸福感，可惜我們更常見的畫面，是兒童埋首在電子產品中，對世事不聞不問。

外篇：死亡

女兒大了，慢慢也明白世界並不是那樣簡單，我們又何必扭曲事實來營造虛假的夢？

今天，媽媽說漁夫打魚。

女兒問：「是漁夫打死魚嗎？」

「不是，是漁夫用網捉魚。」

「那魚會怎樣？會死嗎？」

觸及殺生這議題，似乎比聖誕老人之類的問題更難處理。但我慶幸女兒有這觸覺，知道食物的「重量」，並不僅僅是送到嘴裏的東西。

媽媽答：「魚的神經線比較少，我們吃魚是會弄死牠，但牠也不會太痛，不用太擔心。」

當然，這意味着我們還是弄死了牠，牠也會痛。

一物的死來維持另一物的生。女兒應明白了。她早幾天才告訴我看到螞蟻一起「吃」蚯蚓。我當時解釋動物靠其他動物的蛋白質來維持生命。她問：「那麼人呢？」

　　女兒大概快會問應不應該食牛或者植物會痛之類的問題。能問就好。我們就早點預備最真誠的答案。自然世界跟我們有和諧，也有對立。

14

甚麼是正義？

—— 不患寡，患不均

筆者家的小女孩自三歲就懂得喊：「唔公平嘅！」很多時候，也不過是因為「食」而煩惱：如果家姐有四粒提子，妹妹只有三粒，那就是不公平／公正了。

筆者讀政治哲學，當然很有感悟。不患寡，患不均，沒有提子吃倒沒有人投訴。小孩子都在意公平。在不公平（即使是她自以為不公平）的情況下，會有怨恨。如果不處理，她就會積壓在心裏，影響她跟身邊人的關係。

筆者又在想，為何她不說不公正（unjust）呢？公平（fairness）跟正義（justice）有甚麼分別？還是沒有分別？

當細妹可以出街學畫畫，而家姐要留在家的時候，家姐仍會喊「唔公平！」

正義是甚麼？

正義是……

給他／她應有的（giving to each his [or her] due）

我們可以分析到當中有幾個元素：

（A）有一個分配者；（B）有一個被分配者；（C）分配物；（D）應有

誰可以做分配者？在家裏，可能是父親或母親。在社會裏，是政府。難題是在全球層次，我們並沒有分配

者。所以，有些人說沒有全球正義。但分配者可以「無中生有」，政府也不是自有永有的。

被分配者往往是沒有權力的人，例如子女或者市民。雖然他們未必有權力（power），但他們卻有權利（right）獲取他們應得的。難題是：動物呢？甚至植物，它們有權利嗎？分配物可以包羅萬有。錢在當今社會自然最重要，但權利、食物、醫療照顧和教育機會等都是重要的分配物。若這些東西都無限量供應，當然不用談分配。若匱乏極了，也無分配的空間。所以說不患寡，患不均並不能把握正義，因為太寡，沒正義可言。正義也不代表平均分配。

不一定是正面的東西才可被分配，懲罰也可以是被分配物，而且其分配是極其重要的。懲罰應分配給值得懲罰者，不值得懲罰的卻被罰了，當然是「重大情況」。不過隨着時代改變，社會改變，甚麼該是分配物也會改變。全球暖化下，碳排放限額也是分配物。不知將來空氣是否也是分配物呢？有可能。只要是不夠多但又不是沒有的東西都可以成為分配物。

「應有」，當然是一個難以定義的理念。但也有一些形式的要求。第一，就是分配物要一致。我和你做了同一件事，我被讚賞，你被譴責，你當然感到這不是你應得的。第二，分配物是否合乎比例。我不小心踏了你一

腳，你就殺我全家，這當然也不是我應得的。最後，就是分配物與被分配者是否相關。如果我是大胃王，你卻給我文學獎，這當然也不是應得的。

以上所說，只是一般的形式要求。要實際斷定應有是甚麼，有很多考慮。首先，我們往往要對被分配者的特性有所了解。他們是否具有類似的能力？成年人應有投票權，但小孩子未必有，他們是否有類似的需要？分配寒衣給熱帶地區民眾是沒有意思的，但他們是否有類似的權利？不過，甚麼是權利？似乎就是應有的。這看來是循環論證了。

在一個極貧窮的社會，有足夠維生的食物可說是夠好了。但在一個富裕的社會，我們會說人應當有富營養的食物。如果大家都吃好住好，但卻有人三餐不繼，我們或會認為此人承受極大的不正義，尤其是如果不是他自招的，或者他本身對此是沒有責任的。但如果大部分人都可以看英超（英格蘭超級足球聯賽），只有少數人看不到，那是否不公義？看英超可不是必要 / 基本的要求啊。

在無人的沙漠有沒有正義？在這些沒有人與人之間關係的地方，很難理解正義這觀念是甚麼。或者，就是有正義的觀念，才令我們感受和理解我們身在同一個社羣 / 社會。必須一提，也有一些正義並不牽涉分配，

比如有些哲學家就認為正義是一種德性。柏拉圖在《理想國》（*Republic*）就甚至認為個人和國家一樣都需要正義，是代表各部分都能各安其所。

作為公平的正義（justice as fairness）

話說回來，公正和公平有沒有分別？公平雖然和公正往往交替使用，但意義不同。規則可以很公平，但可以不正義，正義是更深邃的考慮。玩大富翁就是一個好例子，大家有相同本金，擲相同的骰子，看似很公平，但結果卻是富者愈富，貧者無立錐之地。甚至，我們可以說大富翁容許收路費本身就是不正義的規則／制度，即使那是公平的。

美國政治哲學大師約翰・羅爾斯（John Rawls）有一本書叫《作為公平的正義：正義新論》（*Justice as Fairness: A restatement*），當中將正義跟公平緊密聯繫上了，這其實是很奇怪的，正義不是本來就應與平等聯繫嗎？

但問題是，平等可以跟自由有張力。我三小時完成一件事，你要六小時，為了平等，我要等你三小時，我不就是少了三小時自由做其他的事？

羅爾斯的想法是，他把正義看成公平，可以疏導平等跟自由的張力。羅爾斯假定我們是平等和自由的，社

會則是公平。公平的意思是社會對每一個公民都一視同仁，保障他們有相同的基本自由。但同時，他也認為我們要容納一些不平等，只要這些不平等是對最差狀況的人都有利和機會平等可得到保障就成。羅爾斯這樣做，是因為我們也要考慮社會有製造福利的目的。如本書之前的章節所述，我們的倫理世界是一個不同價值競爭的世界，以為有單一價值可以壓倒一切是危險的。羅爾斯所做的，是試圖將不同價值妥貼地放在一個理論裏。

我們未必每個人都能做政治哲學家，或者研習政治哲學，但我們若能對正義的討論多一點認識，相信可以避免獨斷或將問題簡化。我家小孩子常嚷着的不公平，不正是沒有考慮不同的人有不同需要嗎？能好好地說理，而非濫用哲學名詞，才是真正的倫理訓練。

延伸閱讀

不少讀者都應該聽過美國政治哲學家約翰・羅爾斯的《正義論》（*A Theory of Justice*），這可是當今論說正義的經典。特別介紹第 86 節「正義感的善 / 好」（The Good of the Sense of Justice），羅爾斯對於「有正義感的人也會被邪惡境遇和命運打倒嗎？」這類問題，如此寫道：

「這問題就像愛的危險一樣重要。真的，這只是一個很特別的例子。那些相愛的，或者對他人或生活方式擁有很強的依屬感，也都會容易被毀掉，他們的愛令他們遇上惡運或者成為他人不義的人質。朋友和愛人會盡力去互相幫助，家庭成員也是如此，他們傾向自己的歸屬和其他性向。一旦愛，極容易受傷，沒有一種愛是讓我們去細想應否去愛，沒有傷過的愛也不是最好的愛。當我們愛時，我們接受受傷和失去的危險，但我們不會認為這些風險足以令我們停止去愛。如果邪惡出現，若我們是愛的，我們不會對我們的愛後悔。」（筆者譯）

愛跟正義有甚麼可比性？愛和正義都不是用來令我們身心康泰的，反之，它們將我們帶進危險、脆弱之中。正如沒有傷害的愛不是最好的愛，沒有傷害的正義也不是最好的正義。

外篇：欺負

有一天回家，大女兒不講理，硬要媽媽背着她四處走。爸爸阻止她，竟遭到「肢體攻擊」：被她的小腳踢。

這種情況，我通常是零容忍。我會將她帶入房裏，然後和她一起坐，直到她認錯。通常，她都會哭，說要出去，或者要媽媽罰，不要爸爸罰。這是一個搏鬥過程。有時可以是半小時，特別是她認為自己沒錯的時候。

　　但她已長大了，不只機械地說 sorry。我問她為甚麼爸爸媽媽不開心，她說：「因為我『蝦』爸爸媽媽。」

　　這字眼何其「精準」。不是頑皮，而是希望以自己的優勢壓倒其他人，她的優勢大概是爸媽的疼愛了。她有時也欺負妹妹，優勢則是她的身型。但是妹妹也長大了，已夠膽報復－－推姐姐。當然，父母最後也要她們握握手，做個好朋友。

　　表哥年齡更大，就更懂欺負人。姐妹愛跟外婆公公表演唱歌、念書。大女兒表演時，表哥不聽不看，還要大聲地唱大女兒正在唱的歌。大女兒投訴：「表哥唔俾我唱呀。」一臉委屈，我們只好打完場，叫她等一會再唱。

　　人能力愈大，愈可以欺負人。但其實也愈有是非分別的能力，只要不被蒙蔽就好了。大女兒知道甚麼是欺負，知道被人欺負不好，知道不應該欺負人－－這已是德育。但要能行公義，即為他人被人欺負或者欺負人而憤慨，就是我們的下一步，談德育的，別忘記了公義。

15

效益都要放下的時候

在研習倫理學的過程中，我們常有一個誘惑，就是用一兩條簡單、明晰的律則，去指導我們的道德抉擇。其中一個最簡單而厲害的道德理論，就是效益主義（utilitarianism）。簡單來說，就是一個行為在道德上是否為對，就是看那行為帶來的整體、累積的效益。這樣的指導當然方便計算，但卻未必處理到我們豐富的倫理經驗。效益主義、後果主義（只）會考慮行為的後果，比方說愛，如果愛這種行為或實踐能帶來好的後果，效益主義者或會說：何樂而不為？但愛在這框架下，又有沒有內在價值呢？

效益主義另一個難題是分配的問題，如果我們只看累積（aggregative），那麼分配一跟二可說是沒有分別。

分配一	分配二	累積
(1,1,1,1,1,1,20,20)	(5,5,5,5,5,5,8,8)	46

但如果從分配原則（distributive principles）看，分配二會較公正。雖然兩個分配都不是絕對平等，但分配二的貧富差距較小，而且在分配二最差狀況的，也比分配一的得到較多。

有關正義的一個重要問題，就是其與效益的關係：正義原則比效益原則根本嗎？還是相反？如果為了正

義的追求而損害極大的效益，對嗎？兩者又如何互相平衡？

　　英國哲學家、經濟學家約翰・彌爾（John Stuart Mill）是繼承傑里米・邊沁（Jeremy Bentham）的效益主義者。在其《效益主義》（*Utilitarianism*）第五章，彌爾解釋正義的情緒（sentiment of justice）。對他來說，這不是容易的事。因為一個效益主義者只要考慮整體效益就成，究竟分配一和分配二內裏有甚麼分別並不重要。

　　究竟正義感是獨立的道德判斷，是不是有一般而獨立的正義原則，還是其實最終臣服於效益原則？彌爾提出了一個心理學解釋。他認為正義感只是我們要復仇的心態的昇華。復仇是一種「動物的情感」，用來作自我保護。「人若犯我，我必犯人」若成原則，傷害我的人定必投鼠忌器吧。這就大大增加了我的存活機會。

　　但這怎樣解釋那些大富大貴、刀槍不入的，仍會為他人的不公待遇而憤怒？彌爾認為這是因為我們有同情共感，別人的痛苦也會成為我的痛苦。他說這是自然的，但也是社會性的。他能保護一個族羣，大家有民胞物與之感，大家也能彼此合作。當然這最終也是會帶來效益的。

　　甚麼是正義最終也和其結果相關。我們的正義感愈強，往往是因為我們以動物本能反抗對我們所有的

傷害，和我們擴大了的同情共感，這也是一個智慧版的
自利。

不過，如果用彌爾的看法，或者解釋到有些情況正
義跟效益可以重疊，但似乎解釋不了我們何以能對效益
原則作出批評。比方說，如果我們傷害一個無辜的人，
來換取社會效益，我們都會認為是錯的（試想象，我們
把一個健康的人弄成殘廢以喚起大眾的同情心並捐款，
款項最後竟可幫助 10,000 位傷健人士復原）。是錯的，
正是因為正義原則（不應傷害無辜的人），而不是效益原
則。相反，效益原則的應用範圍恰恰為正義原則所限制。

羅爾斯的最大化最小

羅爾斯認為效益主義這種講累積的性格，不能容
納「人是獨立個體，應有權利保障之」的看法，也忽略
了分配的重要性。他提出一個構想，是在人人都不知自
己利益的情況下，選擇一個社會制度。他認為人們會選
一個最大化最小原則（Maximin principle），意思是在各
種可能的選項中，只考慮每一個選項中最差的結果，選
擇最差結果中最好的那一個選項。我們可以設想以下分
配，羅爾斯認為在原初情境，無知之幕下，理性的人一
定會選擇情景三，因為每個人都有相同機會做最差狀況
的人，人不願意為更大利益而冒險。但如果根據效益主

義，沒有理由不選情景二。對於平等主義者，則會選擇情景一。選擇情景三，似乎既不為了平等而犧牲效益，也不為效益而忽略分配。

情景一	情景二	情景三
(5,5,5,5,5)	(20,20,20,4,4)	(7,8,7,8,6)
（累積：25）	（累積：68）	（累積：36）

差異原則可以導致災難？

經濟學家夏仙義・卡羅伊（John Harsanyi）曾跟約翰・納殊（John Nash）拿了 1994 年的諾貝爾經濟學獎。他的貢獻在於博奕理論和經濟思考在效益主義的陳構。無知之幕雖然因羅爾斯而著名，但卡羅伊其實是先行者。

卡羅伊在 *Justice, Political Liberalism, and utilitarianism*（暫譯《正義、政治自由主義及效益主義》）一書指出，羅爾斯給最差狀況的人有絕對優先性，也似乎忽略了那些最差狀況的人的數量。情景二的社會整體效益最高，最多人受惠，而最差狀況的如果只佔 600 萬分之一。我們也要因此選情景三嗎？

卡羅伊也質疑，如果給狀況最差的人有絕對優先權，會使很多有價值的東西不能推動。比如推動文化藝術，未必是讓最差狀況的人受惠，往往只是受教育的

「精英」才能享受。根據最大化最小的原則，似乎這社會政策也是不可接受的。羅爾斯的差異原則／最大化最小原則牽涉極廣泛的再分配。被「再分配」的人一定會抗拒，一定會反抗，如造成社會不穩定，內戰就有可能發生。

卡羅伊的「內戰論」說法好像危言聳聽，但他卻帶出了講正義的人往往忽略的問題：（一）推動「理想中」的正義觀會帶來甚麼後果？是天堂的降臨，還是一場災難？（二）我們可以不接受效益主義，但可以不接受各種價值的「取捨」（trade off）嗎？為甚麼最差狀況的人有絕對優先權（雖然現實可能是富人有絕對優先權）？（三）就算有最理想的正義觀，放在現實或者具體環境裏，會不會是「沒那麼好」的安排反而才較可取呢？

我們作為父母，是成年人，當會明白現實世界的人，不會不看效益的。但我們也要教導孩子，正義的人會反對只看效益——而非不看效益。倫理討論應讓我們能避免走向極端。

延伸閱讀

效益主義是否不堪一擊？當然不是。兩位效益主義者卡塔芝娜‧德‧拉扎里-拉狄克（Katarzyna de Lazari-Radek）與彼得‧辛格（Peter Singer）合著的《效益主義》（*Utilitarianism: A Very Short Introduction*）就指出效益主義不一定要跟權利相衝突，相反，效益主義是一個重要的觀點，讓我們去面對全球貧窮、動物權益和氣候變化。若沒有效益主義那宏觀和宇宙的觀點（point of view of universe），大政策和大規劃實在難以實現，這也是不能不把效益主義重要性教導給孩子的原因。

外篇：樂園

香港有一個樂園在大嶼山。

女兒們總是不經意流露出想去樂園的慾望。

怪不得她們，老師會問爸媽有否在假期帶她們去樂園，同學又都拿着樂園的產品。她們的眼睛也得到斜視症，受 Anna 和 Elsa（迪士尼動畫《冰雪奇緣》的兩位主角）影響也。

拒絕她們好像太殘忍，慾望是不能一直壓下去的。

即使每星期和她們外出走走，總會有這把聲音：

「我唔鍾意去郊野公園，我想去樂園。」

「幾時去樂園？」

唯有想辦法拖延⋯⋯

今年去濕地公園，下年去海洋公園，再下年才⋯⋯（前年去了維多利亞公園）

「口痕友」說：「去迪欣湖就可以了。」

只恐怕那是挑釁多於疏導吧。

大女兒開始懂從金錢角度看。於是我們告訴她，我們正在儲錢，也教她衡量一下價值。去樂園的錢可以吃 40 支雪糕，去濕地公園則只要 3 支雪糕的價錢。

我們也問她們：

「縮小郊野公園，擴大樂園，好嗎？」

她們倒沒有說話，雖然我明白她們未知道郊野公園對所有人開放、郊野公園有生態價值——這都不能成為郊野公園跟樂園或者建屋相比較的理由。

有一天，不知從哪裏得到樂園的食物，有很可愛的包裝。以為女兒會很喜歡，怎知她們說：「太甜了！」

效益主義有時以人的慾望滿足作為計算效益的標準，但人的慾望卻往往也是社會建構的。

16

太有錢有沒有問題？

—— 分配正義還要講品格

不知父母們有否想過這個問題：我們把最好的留給子女，為他們謀想未來，這樣做是否合乎正義的要求？若果將資源分配至弱勢的小朋友，是否更好？

真的，若有從這框架想問題，你今天做的好事就是壞事。羅爾斯的一個理論貢獻，是把正義的注意力放在基本結構（basic structure）上。他那「基本結構是正義的首要對象」（basic structure is the primary subject of justice）就很著名。他啟發了後學把正義的要求放在制度上，而非個人層面。在他的理解下，只要基本結構合乎正義原則，個人就無需受正義原則規管，可以去追尋自己的美好人生，或者盡情逐利。

但是這樣也引起很大的爭論。假定社會正義了，但人們在個人層面並不正義，這真的是一個正義的社會嗎？哲學家傑拉德・柯亨（Gerald Allan Cohen）就提出了我們值得深思的評論。

除非有額外的金錢，否則我是不會努力工作的

柯亨在 2008 年出版的《拯救正義與平等》（*Rescuing Justice and Equality*）尤其集中對羅爾斯《正義論》的批判。他反對羅爾斯的差異原則（The difference principle），即不平等是可以接受的，如果這是對所有人有利。這是因為他質疑以額外的金錢（也因此製造了不

平等）作為有才幹的人的動機，他認為這其實是對最差狀況的人有害。

柯亨甚至把動機論證比喻為「綁票者論證」（The kidnapper's argument）。綁票者會這樣向被綁孩子的父母解釋為何要交贖金：「孩子應該和父母一起。但除非你們交贖金，我是不會把孩子還給你的，所以你應該交贖金。」這論證是否支持了綁票者的行為？當然不能！因為我們會追問綁票者為何要收贖金才歸還小孩子。這便等於我們會追問為甚麼我們要給予額外的金錢，那些有才幹的人才會努力工作呢？他們是不能（can't），還是不會（won't）？

如果是前者，我們便要把一個人的動機看成不能改變的東西，我們要求窮人面對富人，要像面對一座高山或者正在運行的機器，不能動之分毫，因此窮人也不能要求富人對不平等給予證立（justification），但這等於說綁票者必然會綁票一樣不合理。

如果有才幹的人非要有額外的金錢才會努力工作的話，他有沒有合乎普遍的尊嚴（universal dignity）、互愛（fraternity）等原則，或完全發展自己的道德（moral nature）呢？有才幹的人有沒有考慮最差狀況的人的利益？在原初情景（original position）中，羅爾斯把人設定為只考慮自己的利益，而漠視他人的利益。但柯亨指

出，在原初情景中，方法論上採用相互的漠視（mutual indifference），並不表示這也可作為社會互動的規則（rules of interaction）。如果除非有額外的金錢，一個社會上的人是不會努力工作的，即使這個社會合乎差異原則，又會否是一個公義的社會？

平等主義者，為何你這樣富有？

由吉福德演講（Gifford Lectures）編集成書的《如果你是平等主義者，為何如此富有？》（*If You're An Egalitarian, How Come You're So Rich?*）則是一本了解柯亨思想的最佳著作。這本書一方面闡述了柯亨的個人經歷，讓哲學與人生融而為一，另一方面柯亨談到一個對左派來說十分一針見血的問題（即書題）：如果你是平等主義者，為何如此富有？

平等主義（egalitarianism）幾乎是左派都共舉的理想。有此一問，當然可以說是反映某些平等主義者的虛偽，但其實柯亨是深入回應羅爾斯的哲學理論。羅爾斯以為公義原則應只考慮基本結構，即構成社會的基本原則是否合乎公義。換句話說，只要基本結構合乎公義，社會就是公義的。但柯亨質疑如果基本原則合乎公義，例如合乎平等主義原則，但個人行為和動機卻不並配合的時候，這個社會真的公義嗎？即使一個社會有合乎正

義的稅收制度以再分配資源幫助窮人，但富人卻只一心增加家財，動機和行為都是自利的，這樣的社會真的算是公義社會嗎？富人在個人層面，真的沒有責任對這種貧富差距作出反應嗎？他真的可以安心做一個有錢又有道德的平等主義者嗎？（雖然，筆者懷疑有沒有富人是平等主義者。）

柯亨認為，宗教精神之下的平等並不容許這種情況。基督教把人視為平等，如果你真的相信的話，你便應平等地待人，把自己的錢財分給有需要的人。我們有勇氣這樣做嗎？我們是不是看到別人不這樣做，自己也因此卻步呢？說到最後，平等主義需要一個平等的氛圍（ethos）。

現在不斷談社會公義的，又是否太依靠法制，太依靠政府營造公義，而忽略了個人的力量？柯亨進而認為，個人的態度改變才能帶來真正的平等。這一點令行動變成判斷誰是平等主義者的唯一方法。不過，柯亨說他享受在牛津萬靈書院（All Souls College）那種「奢華」生活。可見，他也是一個坦白真實的人。然而，如果你是一個平等主義者，又作為父母，你必然仍要面對一個問題：在這不甚理想的世界，並非公義的世界，你該如何做一個好父母，但又不會為社會帶來不平等和不公義？將這份「坦白」帶給子女或許是更好的倫理教育。

想想，一家人在飯桌討論家庭的收入和財富該怎樣運用，不就是微型的正義社會嗎？

延伸閱讀

　　有錢跟公義是不是對立的？不一定是。金錢用得其所，其實可以幫助很多人脫貧，甚至重獲尊嚴。2006 年諾貝爾和平獎得主、孟加拉經濟學家穆罕默德‧尤努斯（Muhammad Yunus）和艾倫‧喬利斯（Alan Jolis）合著的《窮人的銀行家》（*Banker to the Poor: Microlendng and the Battle Against World Poverty*），就紀錄了他以鄉村銀行的理念，給窮人提供小額貸款，令全球一億人擺脫貧窮，並成為小型企業家。只要不是純粹賺錢，而把公益惦念在心，更大的快樂會等待着你。筆者就是這樣跟孩子談錢的。

外篇：直性

　　星期六到某外資大型書店閒逛，已是指定節目。常感嘆世界的書太多，也許是其實商品太多，人的慾望無窮。也慨嘆書太少，很多題目很多人事無書可記。這當然是焦點的不同而已。

　　幸好，女兒從不嚷着要買甚麼，看過就走。

　　有一天小女兒望着玩具（書店怎會只賣書呢？）說，「我唔會買嘅，我唔鐘意買玩具。」

　　大概應該讚她「乖」了。

　　讀過《水滸傳》，都知道那幾個直性的漢子，像武松、魯智深，大情大性，說一不二，沒半點曲折。

　　哲學家牟宗三先生說：

　　如是如是之境界是「當下即是」之境界。而當下即是之境界是無曲之境界。明乎此而後可以了解《水滸傳》中之人物。此中之人物以武松李逵魯智深為無曲者之典型，而以宋江吳用為有曲者之典型。就《水滸傳》言之，自以無曲者為標準。無曲之人物是步步全體呈現者，

皆是當下即是者。吾人觀賞此種人物亦必須如如地（as such）觀之。如如地觀之所顯者即是如是如是。

他們這些年強力壯之人物，在消極方面說，決不能忍受一點委屈。橫逆之來，必須打出去。武松說：「文來文對，武來武對。」決不肯低頭。有了罪過，即時承認，決不抵賴。好漢做事好漢當。他們皆是「漢子」。漢子二字頗美。有氣有勢，又嫵媚。比起英雄，又是一格。禪家常說：出家人須是硬漢子方得。他們只說個漢子，便顯灑脫嫵媚。《水滸》人物亦是如此。承認犯罪，即須受刑。受刑時，決不喊叫。「叫一聲，不是打虎的好漢。」在消極方面，他們是如此抵抗承擔。在積極方面，他們都講義氣，仗義疏財。消極方面是個義字，積極方面亦是個義字。

小女兒這樣說，只是順應她身邊的人，順應規範，她成了一個文明人，但人的自然性情卻被壓住了。成了宋江、吳用之類的人物。

當然，消費未必是自然性情——但她明明是想要那些東西的。

這個「想」，已是存在了吧，要承認，而不是硬生生否定它。

隔一會，我問她其實是否喜歡玩具，她說是。（證明我的推斷正確）

那就好了，雖然我最後甚麼也沒有送給她，但讓她說出心底話，相信會是更重要的禮物吧。

當制度跟我們的性情能和諧配合，人就活得愉快了。

17

如果其他人都不再講正義

—— 正義的相互性

若排隊中有人打尖，而又沒有人阻止，這條隊就會開始瓦解。小孩子其中一個最喜歡用以支持自己不當行為的理由，正是「別人都這樣做啊！」若一個課室人人都作弊，我們會不只責備作弊的學生，也會追問負責維持秩序、保守公正考試的老師，有沒有做好本分？

　　前香港大學的哲學教授慈繼偉，在其著作《正義的兩面》（*The Two Faces of Justice*）就探討以上的問題。當不正義沒有被有效阻止，便會有愈來愈多人進行不正義的行為，其他沒有這樣做的人反而飽受不正義，怨恨滋生。最後，人們對不正義感到麻木，也沒有能力不做不正義的事了。

　　慈繼偉想指出的是，正義有兩面性。一是有條件性的，只有羣體的成員都願意有相似的行動，我才願意去遵守某規範。這是正義的對利益雙互滿足（interest reciprocal satisfaction），它既不像利己主義那樣也不是無條件的。各種制度就是希望把這種條件性移除，去建立律則的無條件性。但必須指出的是，正義是脆弱的，不如我們所想的那樣鏗鏘有力。

　　在《論語・憲問》篇，有人問孔子：「以恩德報答怨恨，可以嗎？」孔子的回答值得玩味：「應該以正直報答怨恨，以恩德報答恩德。」這樣才是有來有回，人才不會怨恨。這可說是對人性的洞悉。要做到耶穌所說

「有人打你的右臉，連左臉也轉過來由他打」，則要超凡入聖。然而，一般家長都不會期望或訓練自己子女成為聖人，只想他們做一個好人，對嗎？怎樣才可能達成「人人都做好人」這心願？

我們不是聖人

我們不是聖人，也不是對自己利益視若無睹的傻子，「有條件性」的正義怎能變成「無條件性」？又如何能用社會性解釋正義的「有條件性」到「無條件性」？在這裏不可能作長篇大論的哲學討論，只能簡單地描述慈氏的答案，就是社會透過壟斷對非正義行為的懲罰權，使我們無條件地遵守正義的規範。

這種「解釋性」的看法很接近社會學家的做法，社會學家要做的到底還是了解，跟不作判斷就不舒服的哲學家不同。社會學家只想告訴你，當你看清行為背後的原因，你就會覺得好人不是那麼好，惡人並不真是那麼惡。

作惡的人往往並不是很有意地去傷害一個人，他也不一定能在惡中得到快感（你或正在想象電視劇那些壞人在陷害主角後的奸笑！）。另一方面，惡人也不一定要負上所有責任，因為身處同一制度的受害者往往也有份推惡人走上不歸路！更重要的是，惡人其實跟我們沒

有太大分別，他們不是一直都心存惡意，只是他們有很高的自尊、有野心，但可能高估自己，要做一些很冒險的事。當有人阻礙他的計劃時，他往往就選擇不惜一切（真的很像電視劇那些奸人）。

每個人都有作惡機會

這樣做不是為惡人或不正義的人說好話，最重要的是我們知道每個普通人都有機會作惡，我們會無知，我們會自我欺騙，於是走上作惡之路。但只要將那些機會掃除、減少，我們就能將罪惡有效地降低。良好的制度，就扮演着一個極重要的角色。

對世界有希望，想改善世界，並不一定要高舉人性美善。發掘人性的陰暗面，也不是要對人失去希望。反而好好的認識現實：人到底是怎樣的動物，他跟環境會產生甚麼互動，才是改變現實的條件。我們大一讀中國哲學史，承傳了孟子的人性論，實在太粗疏，「人有先驗道德能力，因為跟隨動物性而作惡」的解釋，對我們防止作惡幾乎沒有幫助。甚麼是動物性，怎樣才算跟隨？人就是不只跟隨動物性，是充滿計算、猜忌、自我中心，才會作惡！（回想你曾被人批評時，怒不可遏幾乎想殺人的一刻！你是自尊受損，不是動物性作祟。）自命不凡，滿有理想的也極危險，他們會以為為了理想

甚麼也可以做，目標證立所有手段。

　　我們看制度，也不是要求甚麼靈丹妙藥，或者烏托邦，只要能避免最壞情況出現已值得我們為之奮鬥努力。我們養育子女，用盡心思，但若果沒有一個良好制度，再好的人也會放棄正義，走上不公義的大隊去。也許我們應該參考美國哲學家、教育家約翰·杜威（John Dewey）的意見：我們每個人都在教育其他人，都在塑造其他人。也因此在他眼中，教育的真實發生，就是透過跟別人溝通、交流，來擴闊自己的生活經驗。家庭教育離不開社會，也並沒有一個封閉的溫室。

延伸閱讀

在 2011 年出版，上千頁的暢銷書（暢銷書能同時是好書，不容易）《人性中的善良天使：暴力為什麼會減少》(*The Better Angels of Our Nature: The Decline of Violence In History And Its Causes*) 就指出我們人性有兩種拉力，一是向善一是向惡。作者斯蒂芬‧平克 (Steven Pinker) 自稱是科學家和人文主義者。他認為理性、知識跟科學是人類進步的動力。不過，他不是很天真、很傻的對人性樂觀，對惡若無其事。他指出人行善還是作惡就看各種拉力跟環境的互動。他借助了各種學科的成果來證明自己的觀點。這本書不但是知識、思想的盛宴，更可說是通識的典範。家長看了，不難明白有好的孩子，不只要有好的家庭環境，還一定要有好的社會環境。

外篇：老師

長女常在家扮老師。我們當然是她的「大」學生，二女則是「小小」學生。學生的存在，在長女心中，似乎就是規條的遵守者。

幾時要背書包，幾時食茶點，幾時拿玩具，都由長女（老師）決定。搭校巴，搭電梯，去廁所，秩序井然，幼稚園教育的「精華」盡在於此。

二女未受教育，管不了甚麼先後次序，說拿就拿，說走就走。雖然她很落力背着書包扮演學生，但還是不經長女同意就拿了一件玩具，長女立即拿走，說「唔係而家玩㗎」。二女哭了。

「妹妹喊喎，你俾件玩具佢啦。」

「學校唔喊㗎，要笑㗎！」

笑都是規條。小朋友很喜歡規條！她模仿的學校，似乎是規條構成的物體。

一問才知是母親大人的教導。我想起美國心理學家勞倫斯‧柯爾伯格（Lawrence Kohlberg）的道德發展理論。第一層是賞和罰，着重自利。第二層是從眾，學習規條。3 歲的小孩子原來已來到第二層。

第三層是後規範（post-conventional morality），要探尋普遍的倫理原則。那就是要給理由，而不只是規條。

筆者讀倫理學，每當長女拿規條「壓人」時，當然會很努力地問她「點解」。雖然她總是陪笑說「唔知」，但相信已令她的頑固鬆動鬆動。

做老師的她累了，於是跳上沙發。二女即時有樣學樣。

「老師會跳來跳去的嗎？」

「有口話人，有無口話自己？」一個最難解答的問題。然而環境和角色會塑造我們，卻是清楚不過的。

18

我要關心其他國家的人嗎？

—— 全球正義與普世價值

太太與我都要工作，照顧小孩子的責任都落到菲律賓傭工身上。每天我們在學校都有工作的不如意和壓力，有時瘋狂地找朋友訴苦，但是我們倒很少關心外傭是否工作得愉快。自己的孩子是寶，不代表人家也會當自己的孩子是寶，照顧人家的小孩子不一定是甚麼吸引的工作吧。然而，是甚麼推動一個女人要離鄉別井，離開自己家裏的小朋友？答案必定是每月港幣數千元的薪金。這對菲律賓人來說，該是相當不錯的收入。

　　幸或者不幸，香港樓價飛升，有樓的人身家暴脹，沒有物業的人，只能掙扎求存。在香港島租一間 500 多平方呎的房子，已經要二萬多元。經濟能力低的，甚至要住在平均呎租 27 元的劏房。在香港這個富裕城市，已有極大的不平等。這不只是貧窮或富有的「庸俗」問題，也是一個人生機會的問題。任憑你有甚麼才能，只要你沒有經濟能力，你只能放棄理想，有日過日。

　　然而，我們看到自己眼前的苦劫，卻沒有去問這個世界制度出了甚麼問題。上一層地獄製造下一層地獄，世界定要這樣運作下去嗎？

難民危機與我何干？

　　全球除了有極大的不平等外，還有很基本的人權問題。人人都會贊成「殺人是錯的」、「侵犯人權是不對

的」。但大家是否記得，在 2015 年看到敍利亞小孩難民
陳屍沙灘時，我們有甚麼反應？心中不忍，還是「唔關
我事」？只停留於廉價的同情是一種虛偽，但不正視問
題也是另一種苟且。未能擇善而行或許是意志不堅，但
鼓勵別人對惡視而不見、business as usual（裝作一切
如常）也是一種大惡。

　　各國都卸責難民危機，將問題變成「德國問題」，原
因竟是因為難民都想去德國。德國則促請各國共同承擔
收容難民的建議，這得到希臘和意大利支持，東歐國家
卻反對。匈牙利總理更稱難民危機只是「德國的問題」。
德國其實也是將道德責任「分工」。她將難民按各州稅
收及人口計算分配給 16 個州。但是長貧難顧，每天數
以萬計的難民從地中海、波羅的海，從空中到地面持續
不斷地進入歐洲國家，歐洲國家已經成為世界上最大的
難民營。於是，人們希望喚起更多國家負起責任。

道德分工

　　歐洲的難民人數創下新紀錄，預料德國將接納 80
萬名避難者。人數之多，令我們一些「道德信念」被沖
淡，比如平等、尊重生命，被醜化成「包容」論、「大愛」
論那種愚不可及的說法。但其實即使自由主義者講平
等，也會講責任分配、道德分工的問題。道理很簡單，

香港的窮人成千上萬，作為個體如何能一一加以照顧？於是，我們設計了一個福利社會的制度，將主要責任交予政府，個體交稅就可承擔部分責任。這說明了如何構想道德分工是一個抵擋犬儒和無力感的重要方法。現實卻由於欠缺某種分工制度，而令一些人將集體責任歸於個人責任，卻由於這責任過大而變成最終誰也沒有責任（比如向支持人道救援者「挑機」：「你自己收養幾個先啦」）。這是我們的道德盲點。

把接收難民的責任全放在難民希望去的國家，似乎難以令人信服，這是因為這樣並沒有考慮這些「受歡迎國家」的承受能力，也忽略了其他因素。比如難民如果有親屬在國家 A，A 國似乎會有較大的責任接收難民，以讓他們團聚。又如果國家 B 曾在難民的國家殖民，也應負起更大的責任，因為殖民統治曾對該國家造成傷害，這樣可作補償。

更令人難以理解的當然是為甚麼一些雖非歐盟、但屬富裕的發達國家可以袖手旁觀。「能力愈大、責任愈大」是蜘蛛俠的台詞。但產出這個漫畫人物的美國卻對問題視若無睹。溯本歸源，難民問題源於戰爭，美國在終止敍利亞和利比亞戰爭一事做了甚麼？做得足夠嗎？聯合國報告也指出，2010 年全球總共有 4,370 萬名難民，當中有五分之四是由發展中國家收留的。

普世價值的確認

為甚麼我們每個人都有一定程度的責任收容難民，即使責任可以有所不同？這當然是我們對於人權的確認，如果有難民的國家無法保護其人民的基本權利，其他國家的人坐視不理的話，其實等於助紂為虐。就算社群主義者，對基本人權的重視也與自由主義者無異。如果連這普世價值也否認的話，只是將現代人類的底線抹掉。

又為何不針對問題根源，以戰終戰（小孩子最喜歡的解決問題方法：「放炸彈」）？羅爾斯在其《萬民法》（*The Law of Peoples*）中也認為有道德理由干預那些侵犯人權的國家，軍事干預當然是其中一個方法，但我們必須極審慎行事，因為軍事行動或會帶來更大的人道災難，當中的成敗計算並不清晰。最後，其他國家資源有限，是否應先照顧自身利益？我們先要弄清有限是甚麼意思。美國的資源有限，菲律賓的資源也有限，但此「有限」不同彼「有限」，因此國際的道德分工正是要求能者付出更多，但也不是全無限制。一些看法就認為不能要求國家收容難民以致令自己的文化也被稀釋，當然這些國家更不願先犧牲自己國民的基本權利來作人道救援。但現實的情況往往也不會這樣極端，因為難民多數會跑去發達國家，如果這些國家之間有足夠的道德分工，資

源基本上足以應付。

　　我們希望孩子到海外留學，與國際接軌，也希望他們有一顆關懷世界的心，對嗎？然而，我們先要接受「世界本來有方法解決世界的問題」，才能抵抗無能為力帶來的漠視和犬儒。

延伸閱讀

若要了解全球化下的倫理變化，著名哲學家彼德·辛格 (Peter Singer) 的《如何看待全球化——寫給每一個關心世界的人》(*One World: The Ethics of Globalization*) 是一個不錯的切入點。由全球暖化、世界貿易組織，國際救援和人權等議題，辛格都指出只以國家為中心 (state-centric approach) 的格局並不能處理當代全球議題。不論你是否同意他的觀點，但要培育子女的世界視野，辛格的看法值得了解和考慮。

外篇：旅行

第一次和 3 歲的女兒一起去旅行。母親常說帶小孩旅行沒有「用」，因為小孩子會甚麼都不記得。我不敢否定。後來，發現大人從中得到的樂趣其實才是重點所在。

女兒一早從動畫 "Peppa Pig"（《粉紅豬小妹》）中知道搭飛機大概是怎樣的一回事。要她在飛機上乖乖坐好，戴上安全帶，全不是問題。落機了，我們乘的士到酒店時，她才問：「係咪返北角？」

天啊！我們已身處清邁。

和太太討論小女兒這個「問題」，得出一些結論：她大概是沒有國界的概念？甚麼是中國，甚麼是泰國，她是不知道的。成人的旅遊很着重是由一個國家去另一個國家，一個地方去一個地方，對於沒有「界」的小孩子，旅遊只是坐一架不常搭的交通工具而已。

這代表小女兒心無框框嗎？

不是。

她在泰國跟媽媽去洗手間，由於要脫鞋，哭得很厲害。這就是文

化差異吧！第一次明白在旅行當中文化差異和衝擊可以令到一個人哭。幸好，她快便學會泰國人的打招呼方式，合掌說聲「沙娃滴卡」，入廟也自動自覺脫鞋。這可說是她「超越」了自己。

可是，她在整個旅程最重視的，竟是酒店裏的兒童閣。她稱之為「會所」。因為在她心中，室內的遊樂場是會所，在室外的是遊樂場、公園。香港的中產小孩子，就是不願在「會所」裏走出來。

我明白，孩子有惰性，甚至喜歡獨霸玩樂地方。也許，這正是要他們冒險的緣故，超越個人，走向公共的空間，和其他人在一起。

超越從來是由框框走出來。學習無疑需要有一個框框，但也要走出來。世界視野也是立足國家而建立的。

19

甚麼可推動我們關心未來？

—— 倫理思考要假定未來

一代人做一代的事。

2019 年美國《時代》週刊的年度風雲人物，由瑞典環保少女格蕾塔‧通貝里（Greta Thunberg）奪得。她只有 17 歲，卻曾為了喚醒全球關注氣候暖化而發起罷課，引起廣大支持和注意。

由年輕人代表關連未來的全球暖化，實有多重意義：年輕人覺得上一代留下了一個爛攤子給他們，是不負責任的。他們則為了未來的人，肩負起保護世界的責任。未來的人還未出生，年輕人就成了他們的代言人。

甚麼可推動我們關心下一代？

克里斯托弗‧格羅夫斯（Christopher Groves）在 *Care, Uncertainty and Intergenerational Ethics*（暫譯《關心、不確心性及跨代倫理》）一書指出，科技令我們對未來世代的責任更顯突出。一來是因為資訊科技會令我們看到過去自己的行為對現在的影響，也因為科技的發展，將影響不斷放大——一天透過科技製造出來的膠飲管會有多少？在滿足自己之餘，我們對未來的人有甚麼責任（全球暖化問題也有類似的結構）？身處「收成期」的我們為甚麼要關心他們？他們生存時，我們或已死了，我們可跟他們有甚麼關係？

在倫理學裏，有「跨代倫理」（intergenerational ethics）

和「跨代正義」(intergenerational justice) 兩個分支。當中的問題繁多，在這裏筆者倒想介紹一個問題，就是甚麼可以推動我們關心下一代？因為就算我們知道有對下一代的責任，仍可以無動於衷，你有你的生活，我繼續我的忙碌。

我們常有知而不行的情況，或者是因為意志薄弱 (weakness of will)，又或者因為不是真知！但這個問題在跨代情況更顯困難。這是因為我們跟未來的人距離真的太遠了！效益主義和義務論雖說是一種普遍的倫理學，其道德原則是期望普遍運用 (universally adopt)，即使它們亦已經受社羣主義者 (communitarians) 的批評，認為它們忽略了人要在具體、個別的情景才能作出道德實踐。

愛全人類已經很難，還要愛古往今來的人類，以人的道德心理 (moral psychology) 來說，可能嗎？即使我們不否定有對未來的責任，又如何可以凌駕此時此刻的利益和慾望呢？我們還有一個惡習，就是「唔見棺材唔流眼淚」，可見的即時危險必然比遙遠的危機更能激發我們行動。未來的人也只不過是一些思考或計算出來的「東西」，我們很難具體地去愛他們。

似乎，未來倫理沒有甚麼前景。但德國哲學家迪特爾‧比恩巴赫爾 (Dieter Birnbacher) 在 "What

Motivates Us to Care for the（Distant）Future？"（暫譯
〈甚麼推動我們關心〔在遠方的〕未來〉）一文，就探討
了多種解釋我們動機的模型，說服我們對未來的人的責
任雖非直截了當，然而也能言之成理。

他指出即使較難建立直接的動機，但我們對未來的
人仍有不直接的動機，是哲學家約翰・帕斯莫爾（John
Passmore）所說的「愛之鏈」（chain of love）。我們透過
關注自己的孩子，就能關心下一代，不需要我們成為道
德英雄，也不需要我們有無限犧牲。這種情感和動機是
很自然的，父母不用多想就會考慮子女的未來。就算沒
有受過教育的父母，也會很在意其子女的教育，正是着
重下一代的表現。

其次，我們也會對一些美好的東西有保存的動力，
例如自然、文學、哲學和藝術等。我喜歡莫札特，也希
望不只我能享受到，而會保留他免於被破壞和遺忘。我
們未必直接想到下一代，但這種保存卻也是惠及下一
代的。

當然這兩個模型都有弱點。「愛之鏈」沒有考慮到
我們這一代能夠貢獻的各有不同，一個中產家庭和一個
窮困老人相比，說他們都能愛下一代，顯然沒有規定他
們的責任是甚麼。第二個模型，則未必能把握時代改
變，甚麼是好的東西在不同時代有不同定義。我們保留

了的東西，對未來的人來說可以是封建遺毒。

動力外須遵守的規則

更重要的，比恩巴赫爾指出這種「力」還不夠，尚有一些外在必須遵守的規則。因我們都有盲點，也會動力不足，故需有清晰的規則：可以是自我監管，也可以是外在的。

舉例說，我們口說環保，但身體總很誠實地不斷乘搭飛機旅行。在自由社會，這當然不是甚麼「錯」。不過如果從全球暖化的角度看，乘搭飛機產生的大量碳排放卻真的會對下一代不利。撇開令我們把持不住的吃喝玩樂誘惑，卻也有不少高尚的理由，例如認識別國文化、欣賞自然風光，以作美學探討云云。制定外在的規則，如一年乘搭飛機達三次就開始徵重稅，這樣也許我們就會意識到問題，調節自己的行為。這樣想必不受歡迎，但借此思考現行的膠袋徵費，會不會有所啟示？

未來是虛無飄渺的，但我們今天的行動的確在塑造未來。我們作為父母的，想子女活在怎樣的未來世界？我們自己又會作出怎樣的行動？

延伸閱讀

法國哲學家呂克・費里（Luc Ferry）在 2013 年的 *On Love: A Philosophy for the Twenty-First Century*（暫譯《論愛：21 世紀的哲學》）中，指出哲學跟愛的關係。這本書也是向愛情作家司湯達（Stendhal，此為筆名，原名馬利 - 亨利・貝爾，Marie-Henri Beyle）致敬的作品。費里認為，愛不只一堆感情，更是意義，一個甚麼是好的生活（good life）的原則。費里援引雅克・德里達（Jacques Derrida），指出我們要學會如何生活，還要學會如何死亡。宗教是吸引人的，因為宗教許諾我們希望得到的東西，就是永生。但費里提醒我們這是需要信仰（faith）而非理性。更重要的，是宗教往往把此生視為暫時和過渡而已。他以為我們更應訴諸哲學。哲學不是為了學會如何思考得更好，而是生活得更好。哲學是世俗的救贖，是沒有神的智慧。所以，哲學不只是思，還要活出來，種種問題，皆是生的問題，亦是愛的問題，他提出「愛的政治」（politics of Love），並定下新的定言律令（categorical imperative）：根據你的慾求，你的決定是能夠施予你最愛的人去行動（Act in such a way that you can desire to see the decisions you take being applied also to the people you love most）。是愛，才讓我們能像人那樣行動。找回我們的人性，這就是回應我們的下一代。我們或未見過將來的「他們」，但我們仍是愛他們，希望他們一如我們，尚懂得愛。

外篇：比較

兩姊妹經常互相比較。

上年大女兒拿了一個學業獎，放在書架上。小女兒就常把玩獎座，問為何她沒有獎。

她上年都未入學，怎會有獎？何況入了學，也不是人人有獎吧。

由是，我們就陷入了這種困境：

(1)「妹妹，你也能拿到獎的。」拿不到怎辦？

(2)「獎項不是很重要。」她就是覺得很重要呀。而且，否定她重視的東西也有反效果。

(3)「如果拿不到，爸媽送一個獎給你吧。」她要的是學校的獎，不是爸媽給的。

XXX

今年，小女兒倒拿了一個服務獎。太太懷疑老師之間有「夾過」，大女兒拿了品學兼優獎，不想妹妹在家失望。學校看來也相當細心。那服務獎豈不只是「豬肉獎」？

太太說，去年在家長日看到枱頭擺滿獎牌給得獎同學，沒有四分之三，都有三分之二人拿獎！離開課室，就有一對姐妹各自拿住獎牌，家姐說，「你嗰個係服務獎咋嘛！」

服務獎為何比不上品學兼優獎？有獎了，還是要比較甚麼獎？

人真是一種愛比較的動物。

但比較是不會令我們愛的。

20

世界幻變，怎樣生存？

—— 家長和子女一起探索

生活無力感

　　曾在某場合跟幾位年輕人探討快樂的基礎何在、如何面對生活的無力感。在幻變莫測的時代，反思看見希望的根據。同學都對如何生活甚有看法，好學深思，言談中感受到他們的熱情，但也帶着「惑」。作為老師，應該解惑。但大家都在時代中，同喜同悲，誰能超然物外？風雨飄搖，誰真能袖手旁觀？但問題太大，變化太快，的確會有無力感。有些東西未必能控制，但無力感的滋長速度卻是有點辦法控制的。比如從不同人身上找到更多可能性和力量，古代的、現代的；別人的、自己的。孩子也常常是我生命的老師，翻看自己過往寫的：

　　和小女看故事書，是一個講述森林被破壞的故事。故事留了出路，聯合國插手保護森林，最後生態保存，旅客開心，皆大歡喜。

　　小女兒頗理解森林的重要性，知道可讓「雀雀」住，還可給我們新鮮的空氣。看到工人叔叔斬樹的畫面，她也很凝重。

　　我問她：「如果工人叔叔要斬樹，你會怎樣做？」

　　「我會抱住樹，保護它。」

　　「如果工人叔叔要搬走你呢？」

　　「我會想辦法。」

對，想辦法。將感性的傷痛回歸到理性的軌跡，這也是希望的一個源頭。

世界好了嗎？未來，我們又會是怎樣一個樣子？過去的我，跟現在的我，有甚麼不同？將來的我，又會怎麼評價今天的自己？

很久沒有唱 K，但仍記得張學友有一首歌叫《一顆不變心》，填詞人為簡寧（信我，懷舊一下是會開心的！）。這首歌當然是談愛情，但放在流行金曲 50 年進深版的脈絡來看，也可作為當下良藥。尤其是其中一句：「世界幻變我始終真心。」真心，大概是希望的根據。

真心，就有真意，有真情，就有實感。

在社會變化劇烈的情況下，我們當然更感生活艱難。但在「太平盛世」時，人們生活何嘗不艱難。沉迷玩樂，欠缺意義，也不知怎樣活下去。可見，社會和世界的確影響着我們，但我們的內在世界仍是一個要自己開拓的園地。

由心出發

在中國哲學的寶庫裏，我們不難看到有超脫生死、不受命運或際遇影響的逍遙自由，這都源於有光明而有力之心的培養。

《論語》：「朝聞道，夕死可矣。」

《金剛經》：「應無所住，而生其心。」

王陽明：「吾心光明，亦復何言。」

心，可以理解為做人的原則。一方面是自己確信的，一方面這原則又塑造了你。你與原則合而為一。你的存在就是這原則的存在。你不只是血肉，也有了多一層意義的力量。宗教人物、道德之士，就是以這形態生存。在每個世代，不同地方，都有這種人的存在。在莊子筆下的孔子，就有這種力量（在莊子筆下，孔子卻是常被嘲弄的對象！）

《莊子》：孔子遊於匡，衛人圍之數匝，而絃歌不惙。子路入見，曰：「何夫子之娛也？」孔子曰：「來！吾語女。我諱窮久矣，而不免，命也；求通久矣，而不得，時也。當堯、舜而天下無窮人，非知得也，當桀、紂而天下無通人，非知失也，時勢適然。夫水行不避蛟龍者，漁父之勇也；陸行不避兕虎者，獵夫之勇也；白刃交於前，視死若生者，烈士之勇也；知窮之有命，知通之有時，臨大難而不懼者，聖人之勇也。由處矣！吾命有所制矣。」

孔子周遊於匡，衛國人把他重重圍住，然而他還是

不停止彈琴歌唱。子路進見孔子，問說：「為甚麼先生還這麼快樂呢？」孔子說：「過來！我告訴你。要諱忌道行不能通達已經很久了，然而還是不免於潦倒，這是命啊！我希望我的道行通達已經很久了，然而還是不能做到，這是時運啊！當堯舜的時代，天下沒有不得志的人，並不是因為他們的智慧高，當桀紂的時代，天下沒有得志的人，並不是因為他們的才能低落；這是時勢造成的。在水裏行走不躲避蛟龍，這是漁夫的勇敢；在陸上行走不躲避野牛和老虎，這是獵人的勇敢；光亮的刀子橫在面前，把死亡看得和生存一樣，這是烈士的勇敢；知道窮困是由於天命，知道通達是由於時機，遇着大難並不畏懼，這是聖人的勇敢。仲由，你憩憩吧！我的命運是受到了限定。」（陳鼓應譯）

回望過去

孔子、莊子、王陽明等身處的年代都是黑暗的。但在黑暗中，一些人仍有發光的願望和能力，世界也許才不致於太壞，仍為後人樹立了楷模。但人是否會變得愈來愈善良？人類的歷史真的有進步可言，向着更道德的方向邁進？

已經進步是否等於會一直進步？未必。在歷史裏，人類的路真的曲折。對世界有希望，想改善世界，並不

一定要高舉人性美善。發掘人性的陰暗面，也不是要對人失去希望。反而，我們真的要好好認識現實：人到底是怎樣的動物，他跟環境會產生甚麼互動，才是改變現實的條件。不是所有希望都是值得讚賞的，假希望，不自量力，都只會帶來更大的挫敗。在可能「無能為力」的一些時刻，不如做一些自己可以控制的事，不要讓「無力感」腐蝕自己，堅固自己的內心，也奮力認識世界，在機會來到時，可作更好的判斷。

> 儘管那天際黑暗地搖路陷
> 我對你熱愛更是天高與海深
> 只想你溫馨地控制我命運
> （《一顆不變心》歌詞）

「你」是誰？「熱愛」在哪兒？如何溫馨地？好好地回答，也許就是我們可以控制的範圍。魯迅小說《故鄉》中說：「希望本是無所謂有，無所謂無的。這正如地上的路；其實地上本沒有路，走的人多了，也便成了路。」是的，希望不是有還是沒有的問題，是你選擇哪種生活方式和世界觀的問題。在無盡的黑暗中，不同世代的人其實都為彼此提燈。跟身邊的人對話，也是互相照亮的儀式。我們和子女一起走向未來吧！

延伸閱讀

哲學強調理性，但我們也不能忽略自己的情感。特別是如果我們視哲學為讓我們生活得更好的學問。美國哲學家羅伯特·所羅門（Robert Solomon）在 *True to Our Feelings: What Our Emotions Are Really Telling Us*（暫譯《真情實感》）一書，指出我們是透過情感活着的，這也是構成我們是誰的所在。情感不是偶然也不是不理性，我們是透過情感作判斷。父母與子女，若能一起面對喜怒哀樂，其實就是直面人生，直面自己。

外篇：風景

難得可以和大女兒獨處。

昨天和她去收割，她只拿了剪刀剪了兩條菜，說天氣熱。

飲汽水則很享受。

這不符合父親的期望。

父母除了保護子女，也希望提升他們。

第二天，我帶了大女兒去香港大學，打算走上龍虎山的松林廢堡，雖然天氣熱，但應能應付。

但是她不肯走，說不喜歡行山，很驚。

我堅持。文攻：行完請食雪糕。武嚇：爸爸自己走。

最終，一支益力多推動她向前行。

半路還是聽到她在說「很累」、「山很高」。

其實只行了十分鐘。

不多久，我們便到半山了。看到美麗的景色，我們都慢慢欣賞、拍照。她還很雀躍地拍下青馬大橋。

　　「如你不上來，能看到風景嗎？」

　　去到廢堡，無可避免有一種滄桑感。蜘蛛結網、野草零落。

　　「爸爸，人類是怎樣出現？」

　　「有科學角度和宗教角度……」我竟跟她講達爾文和創造論！

　　「星期日上帝甚麼都不做。」

　　「那天主教、基督教和佛教呢？」

　　原來，妳已懂有不同的宗教了。

　　智性上的交流，是男女之間最美好的感應。

　　我們還一起吃了一個橙。

　　「如你不上來，能看到風景嗎？」

　　向前走吧，我們會看到更多。

附錄

三人行

你問我，甚麼是

「童年時逢開窗，便會望見會飛大象」

你唱，但你不明白

你在，童年時

又問，甚麼是

「年齡如流水般」

我說，十八年之後

就會明白

我問你，知不知

「從前傻頭小子，現已大個更深近視」

我知道，我的女兒

不會明白

初生八記

(1)

母親拿着一個大盆，放下。抱着我的女兒，手勢俐落，小小頭兒已經濕了，像初生那時的「落湯雞」模樣。小人兒當然哭了，母親解釋說這是沒有安全感，但當我將這隻落湯小雞放在乾淨的毛巾上，她便滿意地讓眼睛轉來轉去。太太坐月期間不可濕水，只好坐在一邊看奶奶示範了。

女兒的頭髮甚多，烏黑，像眼睛一樣，有時靜靜的像沉思，但其實是在企圖熟悉這個陌生的世界吧——到底只來了區區三天。曾家淑女，本應溫文爾雅，但一肚餓和大便過後，便哭得像一個無上權威的女皇，要人來侍候。說句心底話，這也不是甚麼過分的要求，飽腹和愛舒服都是自然定律，我們當然要盡力滿足她。今晚吃奶過後，還是哭了一會，母親便推斷她是未有洗澡之故。洗澡過後，滿意自己的狀態，就睡着了。

(2)

女兒也許在母親腹中時早習慣了人聲喧雜，跟媽媽上課時除了聽到甚麼生活素質、政治參與那些悶人的名詞，學生們的交談或者對答也許都聽在她耳裏。加上

她有三窟，稱為狡兔也不過。何出此言？我們租住的地方偏遠，距太太的學校太遠，由是之故，太太有時會住在我媽媽家，有時會住在她媽媽那兒，星期六日才回到錦上路那邊渡假去。加上狡兔的爸媽朋友眾多，又常常在家中看電影，極盡視聽之娛，生活過於多姿多彩，這狡兔由是不愛睡覺，常常讓那隻黑眼珠擺動，頭總是轉向聲音那邊一探究竟。我的母親有一次把哭鬧的她放在收音機旁，讓她聽粵劇，她反而安安靜靜地聽音樂。偷望她，那對眼睛還是那樣子要管住所見——胎教之過也。

(3)

　　有一個廣告說母親看到自己的嬰孩終於大便了，興奮得要告訴全世界人知道，並將消息放在面書上，讓親朋好友分享喜悅，表態支持，表示喜歡（LIKE）。未為父母，不以為意。後來自己的小女孩吃人奶，才知排便問題的重要性。箇中道理十分簡單，邏輯顯淺：你排的就是你吃的（反之則不然？），如果大小二便少，便會被推斷為人奶不夠，這就會令媽媽十分擔心，擔心自己是否不夠奶水，或者奶水不夠營養。太太於是打了電話給她的同房，然後是婦科朋友，談過後，開始考慮是否應該「加奶」。原來奶粉的拉力是這麼大，稍一信心

動搖便會掉進它安全的許諾去。我母親知道情況，竟這樣輕描淡寫：「昨天痾得比較多，今天當然比較少了，大人都一樣啦。」我笑了，問題竟可以如此消解。但到底明白了「BB 有便便」時的興奮，廣告原來也有真情實感……在面書和朋友們分享這一感想，他們便笑問你的小朋友將來或會在地上畫個太陽讓母親有好心情，我則擔心孩子太聰明會用保護色躲藏起來，叫父母找不着她。互涉的都是廣告文本，可見其威力。固然可以一笑置之，然而當中其實影響千萬人的未來，或者鞏固過去一些機制：就是我的孩子要最有競爭力、我的孩子可以讓我有好心情——那麼的理想當然。

(4)

《石蒼舒醉墨堂》

　　人生識字憂患始，姓名粗記可以休。何用草書誇神速，開卷懍惕令人愁。我嘗好之每自笑，君有此病何年瘳！自言其中有至樂，適意無異逍遙遊。

　　「人生識字憂患始」？至樂逍遙大概就是赤子之狀態了。學習文字，學習書寫，我們才能成為文明人。但文字將一個純粹單一的世界打散、割裂和整理，如果能

重回那種整合的狀態，在運筆書寫的過程中忘其對立，那就是復歸於道。這也是中國人的辯證智慧，也就是見山還是山的境界。

我屬意女兒的名字是「書意」，即領會書中之意便可，別做文字的奴隸，不被知識牽着走，不做學究蛀書蟲，但也不做文字陌路人。後來才記起這可能是陶潛的影響，〈五柳先生傳〉不是這樣說嗎：「好讀書，不求甚解，每有會意，便欣然忘食。」

這大概比「知識改變命運」、「書中自有黃金屋」之類的陳腔濫調好得多吧。也許有人會說這樣仍嫌是一種限制，是一個對知識有特定看法的人對女兒的限制，這就叫「家長主義」，是將自己心中的美善強加在他人身上吧。然而對每個家長來說，子女是自己的一部分，哪有強加之理，怎會是他人？然而這想法只有效至子女終於把自己看成是只屬於自己的那天之前，其後自我便再一次割裂。

(5)

生產的過程我都在產房裏，看着太太受苦的過程，如同經歷死亡，太太老是要拿着笑氣，從未如此軟弱，但當臨盆時，卻又從未如此勇敢，全心專注。我們並不心驚膽跳，只看到人的潛能無限，永遠有一個自己是別

人未有加以發掘和注意的。然而作為旁觀者，永遠只是安全的浮思妙想，而實則無力。

我們擔心她會吸太多笑氣嘔吐，因此為了她着想，盡力推遲她吸笑氣的時間，但原來吸笑氣是應該在未痛前吸，這樣做才能在痛的高峰期時將痛苦減低——我們其實是幫倒忙了。太太的嫂子更是厲害，一個人入產房，甚麼笑氣也沒有聞，

好像容易不過。然而痛是很個人的，甚麼是偉大也是很個人的。但從主觀的角度，總是較為動人。

(6)

同事的關心總是令人擔心，比如要留意太太情況，看看有沒有抑鬱，其實在我來說，這是過慮的。總覺得雖然荷爾蒙會影響人，然而由人營造的環境也有不少的影響力。

我說的是一個不同年代的人一起生活的環境，奶奶可以給予意見，可以指導媳婦如何料理身體，而初生嬰孩則給上一輩一種久違了的新鮮感和人生目標，能看着自己的孫子長大是多麼美好。小女如果可以得到祖父祖母的責備也是大好，很簡單，那種年齡的距離和思想的差距，形成了一種永遠追逐的姿態，那就是生命力，就像浪潮一樣拍打海岸。

一個小豆丁，一如我們，其實需要一個更豐富的環境，而非一部平板電腦、智能手機或者收費電視可以替代的。

(7)

「書意」這個美麗的名字也遇到挑戰。中文系的朋友大讚：「這三個是上下合體，聲韻則是平平仄，其形聲結構均勻；其意不陷於柔媚，端雅雍容，甚至是把漢語命名的優勢，發揮個夠了」。如此美言，作者當然是樂透了。然而書意的外祖母則說太多個「日」了，小兔子都居於陰涼的地方，並要了書意的時辰八字拿去給算命的人去研究。我當然不信這一套，但卻心裏倒也真擔心，一個名字即使如何好，但都要講求效。效是指對一個人的命途或者際遇是否有利，至少並不有害吧。我自己反叛是容易的，但要替我的女兒反叛就很難。記得一位教授說過，要知道一套理論或一個說法是否為真，只要想想你是否願意把它施於自己的子女上即可。這在心理上也真的很有說服力，然而名字的案例到底證實了這試驗不能幫助分辨是非。即便如此，我還是向太太說我會偽裝也找了算命的，「虛擬」的結果當然是這名大富大貴了。利用不存在的權威，來化解這場小風波。

結果出人意表。遠在蒙古的相士建議了一個名字，

叫「曾月麗童」，既不是複姓，也當然不會是從夫姓，而是三個字的名，太好笑，自動成為乳名。

(8)

　　這天是小書意拿出生證明書的日子。但她不需現身，而且她和她媽也要到健康院打針，真正牽涉肉身的是免疫力而不是身分。穿過太古廣場那些華美的商店，按三字樓來到出生註冊處，影印機旁坐着一個在看報紙的女人，分明是做那些沒有退路只能捱貴價影印費的生意，很像惡霸。從登記處拿了籌，急忙填上女兒姓名、地址等有關資料，但英文譯音是甚麼？不肯定，忙打電話給太太，沒有人接，只好坐在一旁看書，哪知政府效率高，立即喚我到櫃位去，着我呈上身分證、結婚證明書。官員穿着一件藍色毛衣，算是醒目，但櫃位玻璃偏偏映着金鐘那些大廈的廣告牌女郎，平凡到底是平凡。但規矩終究是規矩，不知何時開始，我寫地址是將 court 寫在 house 之前，點出了，當然是要改的。

　　可記的當然不只八，但八字意頭好，生活流過，就自然有另一篇八記吧。